A.

Conduite de projet informatique et politique culturelle

André Le Vagueresse

Conduite de projet informatique et politique culturelle

Structuration d'un système d'information en vue
de soutenir l'action culturelle départementale

Éditions universitaires européennes

Mentions légales / Imprint (applicable pour l'Allemagne seulement / only for Germany)
Information bibliographique publiée par la Deutsche Nationalbibliothek: La Deutsche Nationalbibliothek inscrit cette publication à la Deutsche Nationalbibliografie; des données bibliographiques détaillées sont disponibles sur internet à l'adresse http://dnb.d-nb.de.
Toutes marques et noms de produits mentionnés dans ce livre demeurent sous la protection des marques, des marques déposées et des brevets, et sont des marques ou des marques déposées de leurs détenteurs respectifs. L'utilisation des marques, noms de produits, noms communs, noms commerciaux, descriptions de produits, etc, même sans qu'ils soient mentionnés de façon particulière dans ce livre ne signifie en aucune façon que ces noms peuvent être utilisés sans restriction à l'égard de la législation pour la protection des marques et des marques déposées et pourraient donc être utilisés par quiconque.

Photo de la couverture: www.ingimage.com

Editeur: Éditions universitaires européennes est une marque déposée de Südwestdeutscher Verlag für Hochschulschriften GmbH & Co. KG
Heinrich-Böcking-Str. 6-8, 66121 Sarrebruck, Allemagne
Téléphone +49 681 37 20 271-1, Fax +49 681 37 20 271-0
Email: info@editions-ue.com

Produit en Allemagne:
Schaltungsdienst Lange o.H.G., Berlin
Books on Demand GmbH, Norderstedt
Reha GmbH, Saarbrücken
Amazon Distribution GmbH, Leipzig
ISBN: 978-3-8417-8483-4

Imprint (only for USA, GB)
Bibliographic information published by the Deutsche Nationalbibliothek: The Deutsche Nationalbibliothek lists this publication in the Deutsche Nationalbibliografie; detailed bibliographic data are available in the Internet at http://dnb.d-nb.de.
Any brand names and product names mentioned in this book are subject to trademark, brand or patent protection and are trademarks or registered trademarks of their respective holders. The use of brand names, product names, common names, trade names, product descriptions etc. even without a particular marking in this works is in no way to be construed to mean that such names may be regarded as unrestricted in respect of trademark and brand protection legislation and could thus be used by anyone.

Cover image: www.ingimage.com

Publisher: Éditions universitaires européennes is an imprint of the publishing house Südwestdeutscher Verlag für Hochschulschriften GmbH & Co. KG
Heinrich-Böcking-Str. 6-8, 66121 Saarbrücken, Germany
Phone +49 681 3720-310, Fax +49 681 3720-3109
Email: info@editions-ue.com

Printed in the U.S.A.
Printed in the U.K. by (see last page)
ISBN: 978-3-8417-8483-4

André LE VAGUERESSE

CONDUITE DE PROJET INFORMATIQUE
ET POLITIQUE CULTURELLE

STRUCTURATION D'UN SYSTEME D'INFORMATION
EN VUE DE SOUTENIR L'ACTION CULTURELLE DEPARTEMENTALE

1

A Tiphaine, Linh

TABLE DES MATIERES

1 – PRESENTATION DU PROJET DE STRUCTURATION D'UN SYSTEME D'INFORMATION......................9

  1.1 LE CONTEXTE DU PROJET..9
    1.1.1 L'institut IDDAC..9
    1.1.2 La politique culturelle des collectivités..10
    1.1.3 TIC : les préconisations de l'Etat...12
    1.1.4 La mission TIC de l'IDDAC...13
  1.2 LA COMMANDE...13
    1.2.1 La maîtrise d'œuvre : mise en place de l'infrastructure technique et applicative...................13
    1.2.2 L'assistance à la maîtrise d'ouvrage : conduite de projet d'ingénierie du logiciel...........14
    1.2.3 Présentation des lots de développements des applicatifs.......................16
  2.1 L'INFRASTRUCTURE TECHNIQUE...18
    2.1.1 L'infrastructure réseau...18
    2.1.2 L'architecture de sécurité...21
    2.1.3 Le plan de reprise d'activité (PRA)...26
  2.2 L'INFRASTRUCTURE APPLICATIVE..31
    2.2.1 Le système d'exploitation...31
    2.2.2 Le système de gestion de base de données relationnelle.......................33
    2.2.3 Le socle applicatif .Net et le langage ASP.Net......................................36

3 – LA CONDUITE DE PROJET : PILOTAGE DES DEVELOPPEMENTS APPLICATIFS 43

    3.1.1 Le processus projet...44
    3.1.2 La finalité du projet et la définition des livrables....................................45
    3.1.3 Le pilotage du projet..47
    3.2.1 L'architecture du système d'information : vue métier.............................52
    3.2.2 L'architecture du système d'information : vue fonctionnelle....................58
    3.2.3 L'architecture du système d'information : vue applicative et technique.......62
  3.3 LA MODELISATION DU LOGICIEL SHERPA..64
    3.3.1 L'architecture de Sherpa : vue métier...64
    3.3.2 L'architecture de Sherpa : vue fonctionnelle..67

CONCLUSION...81

  ANNEXE 1 : LA PROCÉDURE STOCKÉE *IDDACAIDESPRETSPARTERRITOIRE*.................84
  ANNEXE 2 : .NET, LA *BASE CLASS LIBRARY*...84
  ANNEXE 3 : WBS, ORGANIGRAMMES DES TÂCHES...85
  ANNEXE 5 : PLATEFORME CULTURE ET TERRITOIRES...90

TABLE DES ILLUSTRATIONS

Figure 1 – l'implantation géographique de l'IDDAC en Gironde 9
Figure 2 – IDDAC : le diagramme d'entreprise 10
Figure 3 – le système d'information : vue des secteurs applicatifs 15
Figure 4 – la topologie des tunnels VPN d'une antenne 20
Figure 5 – l'architecture de sécurité 21
Figure 6 – la topologie du réseau IDDAC, VPN et DMZ 25
Figure 7 – MEHARI : management de la sécurité par l'audit et les enjeux 26
Figure 9 – la classification de la criticité des applicatifs 29
Figure 10 – PRA : les méthodes préventives et curatives 30
Figure 11 – la topologie du domaine iddac.net 32
Figure 13 – l'organisation des sites Web 33
Figure 14 – les correspondances entre applicatifs et sites Web 33
Figure 15 – le framework .Net 38
Figure 16 – l'architecture multi-tiers et les composants ADO.Net 40
Figure 17 – la conduite de projet : les variables d'équilibre 43
Figure 18 – les cycles de vie du projet d'ingénierie du logiciel, ... 45
Figure 19 – le système d'information : interaction des applicatifs 47
Figure 20 – la planification de la réalisation des lots 48
Figure 21 – l'organigramme des tâches (WBS) par phase 49
Figure 22 – WBS : l'organigramme des tâches avec séquencements, jalons et affectation des durées et des ressources, livrable Sherpa 50
Figure 24 – objectif stratégique métier général, ... 52
Figure 25 – diagramme d'activité : processus Annuaire Contacts et Organismes 54
Figure 27 – diagramme d'activité : processus Répertoire Recg 56
Figure 28 – diagramme d'activité : processus Plateforme Culture et Territoires 57
Figure 29 – diagramme d'activité : processus Interfaçage avec le site iddac.net 58
Figure 30 – diagramme de séquences : annuaire, la création d'un organisme 59
Figure 31 – diagramme de séquences : Terpac, la création d'une notice 60
Figure 32 – diagramme de séquences : Plateforme Culture et Territoires 60
Figure 33 – diagramme de séquences : interfaçage site iddac.net, Recg et spectacles 61
Figure 34 – diagramme de déploiement général 63
Figure 35 – le logiciel Sherpa : un objectif stratégique documentaire 64
Figure 36 – Sherpa : diagramme d'activité 66
Figure 37 – Sherpa : vue de cas d'utilisation, la création d'une notice 67
Figure 38 – Sherpa : vue de cas d'utilisation, la validation d'une notice partagée 68
Figure 39 – Sherpa : diagramme de séquences 1, la création d'une notice 69
Figure 40 – Sherpa : diagramme de séquences 2, gestion des messages 70
Figure 41 – Sherpa : diagramme de classes et relations 72
Figure 42 – Sherpa : le diagramme de composants 74
Figure 43 – Sherpa : le diagramme de déploiement général 75
Figure 44 – service Web Sherpa : description de la méthode UpdateDoc 77
Figure 45 – méthode UpdateDoc : la mise à jour d'une notice 79

INTRODUCTION

Depuis sa création en 1991, l'IDDAC, Institut Départemental de Développement Artistique et Culturel, partenaire du Conseil Général de la Gironde, a pour vocation essentielle d'initier et de soutenir l'action culturelle et artistique départementale.

L'IDDAC a mis le développement au cœur de son action : développement des arts vivants, mais aussi développement local. Pôle ressource, il suscite et accompagne la coopération des opérateurs locaux, au service d'une plus grande accessibilité des publics à l'art et à la culture.

Ainsi, il est décidé en 2002 de **créer un système d'information** destiné à soutenir l'action culturelle départementale. Celui-ci doit proposer une plateforme informationnelle architecturée à partir d'un entrepôt de données et offrir un bouquet de services et de contenus à destination des acteurs culturels institutionnels et privés, ainsi que du grand public.

A cet effet, il est alors convenu de la création d'applicatifs exploitant les bases de données, dans les secteurs d'activité suivants : **gestion administrative et financière**, **documentaire** et **métier**.

Le projet, réalisé sur une période de 4 ans, met en œuvre des savoir-faire en matière de conduite de projet, d'infrastructure réseau et d'ingénierie du logiciel.

Trois sociétés de services informatiques ont contribué au projet et fourni un total
de 270 jours/homme en prestations.

La durée conséquente du projet et son phasage délicat ont eu pour conséquence un pilotage des travaux réactif impliquant anticipation et flexibilité. Egalement, sur le plan technologique, ces 4 années de forte innovation de l'industrie informatique ont nécessité de savoir faire évoluer, "au fil de l'eau", les cadres technologiques dans une perspective de gains qualitatifs et économiques.

Une première partie présente le **contexte politique et économique** du projet et décrit la commande, détaillée par lots.

La mission de **mise en œuvre** de l'architecture réseau et du socle applicatif ainsi que l'élaboration d'un plan de reprise d'activité informatique sont ensuite abordées dans un deuxième temps.

La troisième partie s'inscrit dans le cadre d'une mission d'**assistance à maîtrise d'ouvrage**. Elle expose les différentes phases de structuration du système d'information sur le plan applicatif, conduite en mode gestion de projet, en interface avec les sociétés de services et d'ingénierie informatique sélectionnées sur appels d'offres.

L'accès et la mise en partage des ressources informationnelles numériques est un objectif stratégique majeur de la politique culturelle, tant pour les collectivités publiques territoriales en termes d'outils de cartographie et d'aide à la décision, que pour les acteurs de terrain associatifs ou institutionnels pour le soutien et le renforcement de l'activité et de l'emploi. Le projet de structuration d'un système d'information en vue de soutenir l'action culturelle départementale s'inscrit ainsi au sein d'une mission de service public.

1 – PRESENTATION DU PROJET DE STRUCTURATION D'UN SYSTEME D'INFORMATION

1.1 LE CONTEXTE DU PROJET

1.1.1 L'institut IDDAC

L'IDDAC développe un projet artistique et culturel global au sein d'un réseau de 70 acteurs de la culture, quelques 150 acteurs éducatifs "jeunesse" et sociaux, ainsi que 5 antennes territoriales qui offrent un service de proximité et d'accompagnement à la démarche culturelle des territoires. L'IDDAC emploie 38 personnes à temps plein.

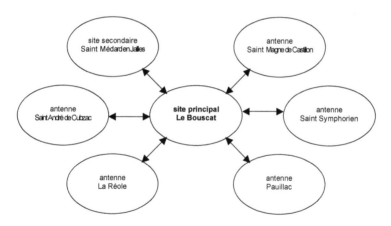

Figure 1 – *l'implantation géographique de l'IDDAC en Gironde*

Le projet artistique et culturel s'articule autour de 4 axes :
- soutenir la création et la diffusion en proposant une programmation riche et plurielle,
- concevoir et mettre en œuvre des programmes d'éducation et de pratique artistique,
- contribuer à la professionnalisation des acteurs culturels girondins en offrant les services d'un centre de ressources et de documentation, et en proposant des sessions de formation,

- assurer une aide technique auprès des opérateurs culturels amateurs et professionnels, en mettant à leur disposition des parcs de prêt de matériel, un répertoire des équipements culturels de la Gironde et un conseil à l'équipement.

L'IDDAC est soutenu financièrement à une hauteur de 75 % par le Conseil Général de la Gironde, et pour la partie restante par le Conseil Régional d'Aquitaine et l'Etat (par le biais de la DRAC Aquitaine).

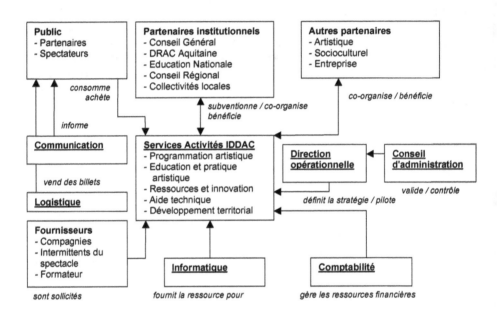

Figure 2 – IDDAC : le diagramme d'entreprise

1.1.2 La politique culturelle des collectivités

Les Technologies de l'Information et de la Communication (TIC) : l'engagement des collectivités

1,11 % du budget de l'Etat a été consacré à la culture en 2006 (année de clôture du projet de structuration du système d'information), dont 36 % pour le patrimoine, 33 % pour la création et 31 % pour la transmission des savoirs. Les TIC sont aujourd'hui repérées comme vecteur privilégié de développement des politiques culturelles. Les financements européens sont particulièrement engagés dans la voie des projets innovants sur le plan local via le Fonds Social Européen (FSE[1]) et le Fonds Européen de Développement Régional (FEDER).

Sur un autre plan, de nouvelles problématiques socioprofessionnelles se posent dans un contexte économique et social de plus en plus difficile pour les professionnels du spectacle vivant. Il est question aujourd'hui, à travers un état des lieux, de mieux cerner la situation de l'emploi, des métiers et des besoins en qualification de ce secteur. Il s'agit d'évaluer le poids économique de la culture et l'impact de l'intervention publique dans ce domaine.

Les partenaires institutionnels et associatifs de l'IDDAC ont commencé à mettre en place des dispositifs dans ces domaines d'investigation. Nous identifions plus spécifiquement les initiatives suivantes :

- le Conseil Général de la Gironde
    le programme **RELIER** (Relancer un Environnement Local pour l'Innovation et l'Emploi culturel en Réseau) : soutenir et accompagner la construction de démarches de mutualisation afin de consolider le secteur associatif culturel et d'optimiser les financements publics,
    le programme **SAPIENS** (Susciter l'Accès et le Partage de l'Information et des Nouveaux Savoirs) : développer les compétences, soutenir la professionnalisation et aider à l'émergence de nouveaux métiers dans le réseau départemental des bibliothèques. Egalement faciliter l'accès pour tous aux savoirs, à l'emploi, aux services, à la culture et aux loisirs,
    les programmes **IRA** (Itinéraires de Réalisation Artistique) et **PPET** (la Plateforme de Production et d'Encadrement Technologique) proposent des circuits et des accompagnements pour aider à l'accès à l'emploi ou à la professionnalisation des acteurs culturels,

- la **DRAC** Aquitaine, service déconcentré du Ministère de la Culture et de la Communication, partenaire de l'IDDAC dans le cadre du dispositif documentaire **Terpac**,

- l'association **CRESS**[2] (Chambre Régionale de l'Economie Sociale et Solidaire d'Aquitaine) a pour objet de promouvoir le développement de

---

[1] Le Fonds Social Européen, créé en 1957 par le Traité de Rome, est devenu le principal instrument financier de la stratégie européenne pour l'emploi.

[2] En France, l'économie sociale et solidaire : associations, coopératives, mutuelles et fondations, représente 1,8 million d'emplois, plus de 200.000 entreprises et près de 10 % du PIB. En Aquitaine, elle représente plus de 100.000 salariés, 10 % de l'emploi salarié privé, plus de 8.000 entreprises. *Source CRESS Aquitaine - 2007.*

l'Economie Sociale et Solidaire en Aquitaine. Elle défend et développe la coopération, le mutualisme et le mouvement associatif,

- le **RAMA** (Réseau Aquitain de Musiques Amplifiées) construit et déploie des missions de pôle ressource en développant des outils pratiques destinés à faciliter la mise en réseau des opérateurs et la connaissance du secteur culturel,

- la **Mission d'Observation des Politiques Culturelles** du Conseil Régional d'Aquitaine (Contrat de Plan Etat Région 2000/2006) travaille sur un état des lieux de l'emploi, des métiers et des qualifications dans le champ du spectacle vivant en Aquitaine,

1.1.3 TIC : les préconisations de l'Etat

Depuis plusieurs années la question de l'interopérabilité [3]des systèmes d'information, vue à travers leurs systèmes informatiques, constitue un axe de réflexion et de préconisation initié par l'Etat. L'enjeu de la disponibilité de l'information, de l'adaptabilité et de l'extensibilité des environnements technologiques est au cœur des préoccupations.

La DGME, Direction Générale de la Modernisation de l'Etat, créée par le décret du 01/01/2006, "a *pour mission de coordonner, d'aider et d'inciter, au niveau interministériel, les administrations en vue de moderniser les modes de fonctionnement et de gestion de l'Etat pour améliorer le service rendu aux usagers, contribuer à une utilisation plus performante des deniers publics et mobiliser les agents publics."* [DGME06].

De même, le programme gouvernemental ADELE, ADministration ELEctronique 2004/2007), réunit acteurs gouvernementaux et collectivités autour de projets et d'actions communes d'expertise technique, fonctionnelle ou juridique, dans le champ de l'administration électronique. Le portail de l'administration française a été ainsi mis en ligne, www.service-public.fr, et des référentiels opérationnels sont proposés :
- Référentiel Général sur l'Interopérabilité (RGI et RGS pour la Sécurité),
- Référentiel Général d'Accessibilité pour les Administrations (RGAA).

Il a ainsi été légitime pour l'IDDAC, organisme partenaire d'une collectivité territoriale, de s'interroger sur la question de l'accessibilité du public aux services numériques dans le domaine culturel.

---

[3] Capacité de deux systèmes à communiquer sans ambiguïté.

1.1.4 La mission TIC de l'IDDAC

L'IDDAC, conformément à ses missions et à son esprit, a souhaité défricher ce champ d'étude et de services, en définissant clairement trois objectifs :
- produire un état des lieux des pratiques et des aides du secteur culturel départemental,
- fournir un outil d'aide à la décision pour le soutien aux pratiques artistiques et culturelles,
- garantir l'accessibilité aux ressources informationnelles dans une perspective de réseau et de partage de l'information.

L'évolution des missions de l'IDDAC, suivant les orientations définies par les axes stratégiques 2002-2006, confirme la place que l'institut souhaite renforcer dans le champ des TIC, en particulier à travers la mutualisation des ressources numériques et l'accompagnement aux expérimentations et à l'innovation. La structuration d'un système d'information répond à ces deux objectifs.

1.2 LA COMMANDE

1.2.1 La maîtrise d'œuvre : mise en place de l'infrastructure technique et applicative

Au lancement du projet, l'on constate que l'infrastructure informatique de l'IDDAC est sous-dimensionnée : un réseau Windows NT sur le site principal cohabite avec un réseau Apple obsolète, tandis que, sur le site secondaire, un parc de quelques PC est configuré en *workgroup*. Les deux sites ne sont pas interconnectés, un nombre restreint d'accès à Internet est disponible uniquement par modem RTC (Réseau Téléphonique Commuté).
Sur le plan des ressources informationnelles, aucune source de données n'est structurée, les utilisateurs produisant leur propres fichiers impliquant les limites connues : difficultés d'échange et redondance des données, absence de normalisation des champs, etc.

La décision de création d'une base de données "Annuaire Contacts et Organismes" exploitable via un Intranet, puis par Internet par l'intermédiaire du site de l'IDDAC www.iddac.net, constitue la première étape de l'élaboration du système d'information.

De plus, l'ouverture de 5 antennes IDDAC sur le territoire girondin conduit à confirmer le besoin d'évolution informatique majeur en termes d'investissement matériel et de développement des services numériques.

La mission consiste donc à mettre en place l'infrastructure technique et applicative destinée à accueillir le système d'information :

- au plan technique
    investissement dans les équipements informatiques,
    construction de l'infrastructure réseau et interconnexion des sites,
    mise en place d'un réseau privé virtuel (VPN) ainsi que d'une architecture de sécurité, garantissant un accès Extranet à nos ressources,
- au plan applicatif
    étude et préconisation pour le choix du socle applicatif (système d'exploitation, langage de développement, système de gestion de base de données, outils d'exploitation), et son implémentation.

Il est également procédé à la rationalisation et à la normalisation des procédures de maintenance et à la mise en œuvre d'un plan de reprise d'activité après incidents (PRA).

1.2.2 L'assistance à la maîtrise d'ouvrage : conduite de projet d'ingénierie du logiciel

La Direction de l'IDDAC définie une mission de pilotage du projet de développement des applicatifs constitutifs du système d'information, dans le cadre d'une assistance à maîtrise d'ouvrage.
Le rôle du chef de projet est, dès lors, de constituer une interface entre les parties prenantes commanditaires (IDDAC, Conseil Général, DRAC Aquitaine, associations) et les prestataires de services informatiques et de contribuer, en collaboration avec ceux-ci à : l'analyse et l'expression des besoins, la rédaction des cahiers des charges, ainsi qu'aux phases de test, de déploiement et de recette.
Les développements des applicatifs ont tous été externalisés.

Les secteurs applicatifs identifiés sont les suivants :
- **gestion**
    gestion administrative : création d'un annuaire Contacts et Organismes,
    gestion financière et aide à la décision : création d'une plateforme Culture et Territoires.

- documentaire

création d'une plateforme "Territoires et Publics de l'Art et de la Culture" : Terpac,

création d'un logiciel contributeur à Terpac : Sherpa.

- métier

création d'un annuaire "Répertoire des Equipements Culturels de la Gironde": Recg.

Il est convenu que les ressources ainsi structurées seront exploitables à un premier niveau via un Intranet, à un deuxième niveau via un Extranet et seront également publiées sur le site de l'IDDAC

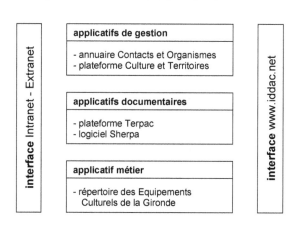

Figure 3 – le système d'information : vue des secteurs applicatifs

Bien que la stratégie globale ait été précisée dès le début du projet, les phases opérationnelles de sa réalisation ont été fortement dépendantes des différents partenariats conclus pendant la période. La tutelle de l'IDDAC, le Conseil Général à travers le service de la Direction de la Culture et de la Citoyenneté, faisant également part d'avis. La conséquence en a été une conduite de projet parfois arythmique sur le plan des développements et des mises en exploitation mais également très positif pour la qualité finale du produit.

Les étapes de structuration du système d'information se sont succédées de 2002 à 2006, fractionnant le projet global en autant de projets intermédiaires.

L'ensemble de la commande a été découpé en lots. Chaque lot a fait l'objet d'un appel d'offres spécifique, suivant la procédure adaptée du Code des marchés publics.

1.2.3 Présentation des lots de développements des applicatifs

Préconisation générale : pour chacun des lots il est demandé de respecter l'intégrité du modèle relationnel MERISE de référence, garantissant une capacité d'évolutivité maîtrisée au système de gestion de bases de données. Chaque brique applicative s'agrège en complément des autres dans une conception architecturale de type entrepôt de données.

L'ensemble du système d'information peut, potentiellement, être mis à disposition des partenaires et du grand public sur le site de l'IDDAC.

Lot 1 : **création d'un applicatif de gestion** "Annuaire Contact et Organismes" devant répondre aux besoins de gestion administrative et de gestion des activités propres à l'IDDAC :
- analyse des besoins,
- analyse fonctionnelle et technique,
- développement,
- déploiement, tests, mise en production.

Lot 2 : **création d'un applicatif documentaire** "Territoires et Publics de l'Art et de la Culture", pour gérer le centre de documentation de l'IDDAC, puis mutualiser les ressources :
- analyse des besoins documentaires de l'IDDAC et définition d'un modèle de notice documentaire d'échange entre contributeurs externes,
- analyse fonctionnelle et technique,
- développement,
- déploiement, tests, mise en production.

Lot 3 : **création d'un applicatif métier** "Répertoire des Equipements Culturels de la Gironde". Les fonctionnalités doivent être reprises d'un applicatif existant développé sur une base de données 4D gérant le parc de prêts de matériel scénique de l'IDDAC :
- analyse fonctionnelle et technique,
- développement,
- reprise des données 4D,
- déploiement, tests, mise en production.

Lot 4 : **création d'un applicatif de gestion administrative et financière** "Plateforme Culture et Territoires", à usage conjoint IDDAC et Conseil Général de la Gironde, incluant la mise en place d'outils d'aide à la décision et le développement une passerelle avec le PGI[4] de l'IDDAC :
- analyse fonctionnelle et technique,
- développement,
- reprise des données Conseil Général,
- déploiement, tests, mise en production.

Lot 5 : **création d'un logiciel client serveur** "Sherpa", à l'usage de contributeurs externes et destiné à exploiter la base de données documentaire "Territoires et Publics de l'Art et de la Culture" :
Réservé aux petites associations, le logiciel doit s'appuyer sur des services Web afin d'interopérer avec le serveur documentaire de l'IDDAC. Il doit permettre également de gérer son propre fonds documentaire en local.
- analyse des besoins,
- analyse fonctionnelle et technique,
- développement,
- déploiement, tests, mise en production.

Lot 6 "iddac.net" : phases de **développement d'interfaces avec le site www.iddac.net** à des fins de publications des bases de données issues du système d'information interne, incluant la création d'outils de back-office du site. Doivent être publiées : les bases de données "Annuaire Contacts Organismes", "Territoires et Publics de l'Art et de la Culture" et "Répertoire des Equipements Culturels de la Gironde" :
- analyse des besoins,
- analyse fonctionnelle et technique,
- développement,
- déploiement, tests, mise en production.

---

[4] PGI : Progiciel de Gestion Intégrée, dans le cas présent l'applicatif de comptabilité et gestion financière CEGID.

2 – LA MISE EN ŒUVRE DE L'INFRASTRUCTURE TECHNIQUE ET APPLICATIVE

2.1 L'INFRASTRUCTURE TECHNIQUE

2.1.1 L'infrastructure réseau

<u>Le besoin et le contexte</u>

Comme indiqué précédemment, l'infrastructure informatique de l'IDDAC était obsolète en 2002. La Direction a souhaité s'équiper d'un environnement matériel destiné à supporter une montée en puissance des services numériques qu'elle projette de développer pour un usage tant interne qu'externe. Il a été convenu d'investir dans :

- la mise à niveau du parc d'ordinateurs PC,
- la migration des ordinateurs Apple et de leurs applicatifs vers des environnements Windows,
- la mise en réseau de tous les ordinateurs, locaux et distants, de l'IDDAC,
- l'acquisition de nouveaux serveurs sur le site principal et sur le site secondaire : serveur d'applications, serveur de données,
- un accès Internet haut débit,
- l'interconnexion du site principal et des antennes au LAN du site principal.

La conduite de changement, en termes d'environnement de travail, d'organisation et de partage des ressources, s'est mise en place prudemment et avec pédagogie.
La Direction a souhaité que la mise aux normes des équipements soit conduite en portant une attention particulière aux utilisateurs.
L'accompagnement au changement a consisté à planifier les migrations possibles des applicatifs critiques (base de données 4D par exemple), et à laisser vivre, dans un premier temps, les autres. Le risque d'un comportement de rejet face à des changements trop radicaux d'habitudes a été ainsi contenu.
Enfin, le déploiement géographique progressif des antennes de l'IDDAC a nécessité de concevoir dès l'origine une solution technique standard rapidement applicable, reproductible et économique, confortant ainsi l'IDDAC et les communes d'implantation de la viabilité "numérique" du projet.

La restructuration du réseau local

Nous avons ainsi procédé à l'investissement matériel : serveurs et postes utilisateurs ainsi qu'équipements de connectivité, commutateurs et concentrateurs.

Le fournisseur d'accès Oléane a été sélectionné pour fournir l'accès haut débit Internet : Open 3400 SDSL (1 Mbits/s garanti 95 % du temps, voie descendante et remontante, 160 Kbits/s sur les 5 % restant), avec engagement sur le rétablissement du service en moins de 4H (routeur et liaison d'accès).
L'offre standard d'Oléane est complétée par l'acquisition d'un pool de 8 adresses IP fixes, destinées au support VPN et au NAT.

La mise en œuvre du réseau privé virtuel

Il était nécessaire que les différents sites de l'IDDAC partagent les mêmes ressources : serveur de fichiers, accès aux bases de données, messagerie interne. Il été décidé de mettre en place un réseau privé virtuel (VPN).
Le VPN met à disposition une liaison sécurisée entre deux parties via un réseau public. Cette technique assure également l'authentification des deux parties, l'intégrité des données et le chiffrage de celles-ci.
Dans un premier temps le VPN IDDAC a été construit sur des lignes Numéris et des routeurs CISCO 801. Le coût des consommations et le déploiement de l'ADSL sur le département ont conduit rapidement à abandonner cette configuration.
Chaque site a ainsi été équipé d'un routeur Netgear FVS318 et d'un accès à Internet avec une IP fixe.

Descriptif technique du routeur Netgear FVS318 :
- fonction de pare-feu,
- filtrage ports, services, IP et protocoles
- protocole IPSEC *(Internet Protocol Security)* : authentification par échange de clé IKE SA *(Internet Key Exchange Security Association)*, cryptage DES 56 bits, 3DES 168 bits ou AES 128 ou 256 bits, algorithme MD-5 ou SHA-1,
- performances en sortie : jusqu'à 11,5 Mbit/s WAN vers LAN et 2,1 Mbit/s en 3DES
- 8 tunnels VPN,
- routage statique, NAT, DNS dynamique,
- management par interface graphique via navigateur Web,
- garantie à vie.

Configuration des tunnels VPN

Chaque antenne a été connectée au site principal et au site secondaire (besoin d'accéder à l'applicatif métier sur ce site extérieur). Celui-ci a été connecté au site principal. Les utilisateurs distants ont été inscrits dans l'Active Directory du domaine IDDAC et se comportent comme des utilisateurs locaux.

Le protocole de sécurité AH (*Authentification Header*) a été préféré à ESP (*Encapsulating Security Payload*), pour alléger le trafic, la qualité des liaisons étant parfois médiocre sur certaines zones.

La méthode d'authentification PSK *(Pre Internet Key)* pour échange de la clé IKE SA *(Internet Key Exchange Security Association)* a été préférée à des échanges de certificats plus délicats à mettre en œuvre. Le cryptage de la clé est de type 3DES.

Exemple : tunnels VPN d'une antenne, liaison avec le site principal et le site secondaire IDDAC

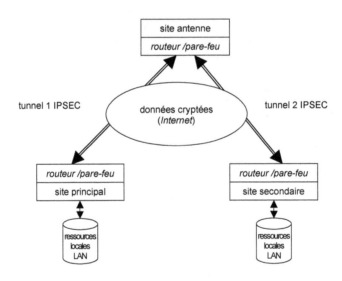

Figure 4 – *la topologie des tunnels VPN d'une antenne*

2.1.2 L'architecture de sécurité

Dans la perspective d'ouvrir un accès Extranet vers le système d'information de l'IDDAC, il a été convenu, dans un second temps, de renforcer la sécurité du LAN du site principal en développant une architecture intégrant un nouveau pare-feu applicatif et une zone démilitarisée (DMZ).
La zone démilitarisée est considérée comme un sous réseau isolé par un pare-feu contenant des machines se situant entre un réseau interne, ici le LAN de l'IDDAC, et un réseau externe, dans le cas présent Internet.
La DMZ permet à ses machines d'accéder à Internet et de publier des services via Internet sous le contrôle du pare-feu externe. En cas de compromission d'une machine de la DMZ, l'accès vers le réseau local est encore contrôlé par le pare-feu.
Dans le cas présent, un serveur Web public (le frontal Web) a été placé dans la DMZ à usage des requêtes HTTP externes. Il a été mis également en place un ensemble de règles de filtrage de protocoles et d'adresses entrant et sortant. Enfin, afin de diminuer les risques liés aux usages d'Internet le serveur mandataire HTTP (Proxy HTTP) a été activé ainsi qu'un antivirus de flux.

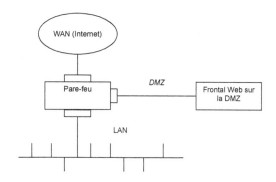

Figure 5 – *l'architecture de sécurité*

21

La configuration de l'architecture de sécurité

La mise en œuvre de la DMZ

Après étude de l'offre des équipements de sécurité, le boîtier de sécurité multifonction UTM[5] A20 de la gamme Fast360[6] a été sélectionné pour la qualité de sa couverture fonctionnelle, sa simplicité de mise en œuvre et de maintenance ainsi que son coût. Le boîtier A20 embarque des fonctions de pare-feu, de Proxy, de détection et de prévention d'intrusions IDPS[7], d'anti-virus et d'anti-spam. Il analyse en temps réel les protocoles de réseau, de transport et applicatifs. Une journée de transfert de compétences a été commandée à un intégrateur.
L'Arkoon A20 a remplacé le routeur Netgear sur le site principal.

Les caractéristiques techniques du boîtier de sécurité A20

- pare-feu et prévention d'intrusions (IPS) : analyse des protocoles en temps réels (protocoles analysé : de niveau 3 et 4 ainsi que protocoles applicatifs),
- détection d'intrusion (IDS) contre les attaques applicatives,
- protection VoIP,
- filtrage de contenus : antivirus et antispyware (HTTP, SMTP, POP3, FTP), filtrage URL, antispam et filtrage courrier électronique,
- protocole IPSEC, chiffrement DES, 3DES, AES algorithmes Blowfish, SHA-1 / MD5, clé partagée IKE,
- authentification : LDAP, Radius, NT, certificats,
- performances : débit 10 mb/s (3DES), 20 mb/s (AES),
- 100 tunnels VPN simultanés,
- routage statique et dynamique, NAT, PAT, VLAN,
- Qos

La configuration du boîtier de sécurité Arkoon A20

Le principe de sécurité de boîtier Arkoon est inverse de celui habituellement pratiqué par les équipements de sécurité : *tout ce qui n'est pas autorisé est bloqué.*

---

[5] UTM *United Thread Mangement* "traitement unifié de la menace" : terme définissant un ensemble des fonctions de sécurité rassemblées dans un même boîtier dit aussi appliance.
[6] Fast360 *Fast Applicative Technologie*, technologie pare-feu des appliances de la gamme, elle contrôle les protocoles réseaux et applicatifs en temps réel.
[7] IDPS *Intrusion Detection Prevention System*, technologie contextuelle des appliances FAST360, permettant la détection d'intrusions en temps réel sur les protocoles applicatifs.

Ainsi dans le cas présent, lorsqu'aucun service ou aucune source n'est spécifié, tout service ou toute machine est autorisé.

Le port 80 est ouvert pour laisser passer les flux HTTP, les autres flux nécessitant des échanges LAN / WAN (lots DTS SLQ, applicatifs) sont paramétrés de la manière suivante :

- masquage (NAT) du flux du LAN et de la DMZ vers Internet,

- flux d'Internet vers la DMZ
    PAT (*Port Adress Translation*) : redirection du port 80 arrivant au 62.161.xx.xx sur le port 80 du serveur frontal Web dans la DMZ (10.1.xx,xx),
    redirection du 62.161.xx.xx vers le 10.1.xx.xx.

- relais HTTP
    Proxy et anti-virus. Ports autorisés 21 (FTP), 80, 8080,443 (HTTPS), serveur d'authentification Windows 2003, protocole NTLM (*NT débit Manager),*
    rejets *blacklists* pour tous les utilisateurs pendant les horaires de travail.

- relais SMTP
    anti-virus de flux, mise en quarantaine des mails infectés, anti-relaying, routage du domaine iddac.net vers smtp.oleane.net

- relais POP3

- chiffrement 3DES, clé partagée IKE

Principaux flux traités par l'Arkoon A20

Flux	Source	Vers	Services autorisés
Accès Extranet_DMZ	WAN	DMZ	http
Nat_DMZ_Internet	DMZ	WAN	dns, ftp, http , icmp-redirect, ping, smtp,route
Routage DMZ_LAN	DMZ	LAN (IP spécifiée)	dns, epmap, ldap, ms-sql-s, netbios, smb-tcp, kerberos, ping, 1025
Nat_Internet_LAN	LAN	WAN	dnsudp, ftp, http, ica, icmp-redirect, imap, msrdp, nntp, ntp, ping, route, smtp, ssh, tftp

Règles de flux spécifiques : exemples

Flux	Source	Vers	Services autorisés
NAT_TSE (support technique)	WAN (IP spécifiée)	LAN	msrdp [3389]
NAT_DTS (SQL)	LAN (IP spécifiées)	WAN (IP spécifiée)	ms-sql-s [1433]
Blocage_MSN	Arkoon	WAN	http-no-msn

Règles de flux VPN : exemples

Flux	Source	Vers	Services autorisés
VPN_Pauillac_IN	LAN_PAUILLAC	LAN_IDDAC1	ping, tcp, udp
VPN_Pauillac_OUT	LAN_IDDAC1	LAN_PAUILLAC	ping, tcp, udp

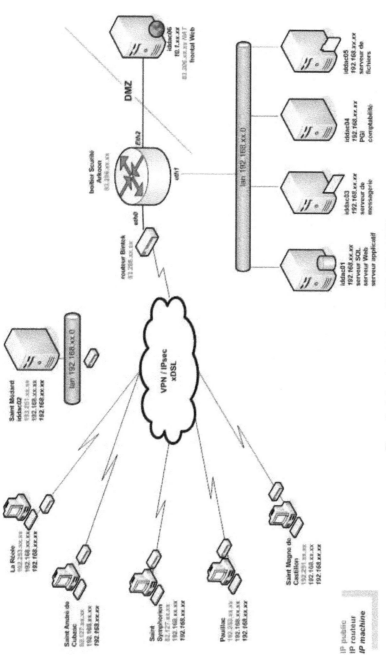

Figure 6 – la topologie du réseau IDDAC, VPN et DMZ

25

2.1.3 Le plan de reprise d'activité (PRA)

La nouvelle infrastructure étant bâtie et opérationnelle, il a été proposé la mise en place d'un plan de reprise d'activité (PRA[8]), ou plan de secours informatique, afin de limiter l'impact d'un sinistre informatique en garantissant un redémarrage des services dans les meilleurs délais. Pour ce faire, le cadre méthodologique MEHARI [9] de gestions des risques, proposé par le CLUSIF (CLUb de la Sécurité de l'Information Français) a été adapté à la dimension des besoins de l'entreprise IDDAC.

Cette démarche a amené à définir une stratégie préventive et curative, en fonction des enjeux métier. Soumise à la validation de la Direction, considérant le PRA comme un projet d'entreprise à part entière, la Direction, ainsi associée, s'est portée garante de l'adéquation des objectifs du PRA aux enjeux métier de l'entreprise

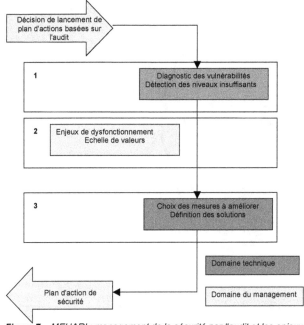

Figure 7 – *MEHARI : management de la sécurité par l'audit et les enjeux*

---

[8] Le PRA est une composante du plan de continuité d'activité (PCA) qui englobe l'ensemble des actions, processus et modes d'organisation assurant la continuité des activités critiques de l'entreprise. Le PCA dépasse le cadre du système d'information de l'entreprise. Il existe un référentiel de bonnes pratiques AFNOR sur les plans de continuité d'activité : BP Z74-700.
[9] MEHARI a été développé en 1996 par le CLUSIF pour aider à gérer la sécurité de l'information et minimiser les risques associés : www.clusif.asso.fr/fr/production/mehari/.

Méthodologie de mise en place du PRA :
- produire un diagnostic de sécurité, évaluer les applicatifs,
- analyser les risques et les enjeux, classifier, définir les seuils de criticité,
- mettre en place un plan de reprise du SI en "mode dégradé".

Le diagnostic de sécurité, évaluation des applicatifs

Le terme "sécurité" s'entend ici dans un sens de capacité de rétablissement de l'infrastructure technique et applicative en cas de sinistre. Le volet proprement sécuritaire lié à la protection contre les attaques par virus et autres failles de sécurité des systèmes n'est pas traité spécifiquement dans ce cadre.
Dans un premier temps, l'ensemble des dispositifs et procédures de sauvegarde et restauration est répertorié, vérifié et décrit dans un support technique PRA.
Celui-ci précise les niveaux de risques liés au matériel ; par exemple, les supports sur bandes sont considérés moins performants que les supports disques. Les applicatifs d'exploitation du SI sont également exhaustivement analysés, inclus les outils de back-office ou les modes mineurs de saisie de données, par exemple : formulaires Access en ligne de contribution à la base de données SQL.

L'analyse des risques, définition des seuils de criticité, classification

L'analyse des risques est considérée comme l'analyse des conséquences pour l'activité de l'entreprise suite à des destructions ou des dégradations de données ou à l'indisponibilité d'un applicatif. La problématique de la perte de confidentialité des données n'est pas retenue.

Trois domaines de services sont définis :
- la gestion financière,
- la gestion des activités (programmation, diffusion, formation),
- le service au public.

Les tableaux ci-dessous analysent les applicatifs en termes de gravité du risque encouru par les activités en cas d'interruption de service et de délais maximum de rétablissement de ceux-ci. L'impact sur les activités peut-être différent suivant les périodes.

Légende de la figure 8 ci-après : valeur de l'impact d'une interruption
1 : vital / 2 : très grave / 3 : important / 4 : non significatif

Domaine : gestion financière

ID	Applicatifs	Risques	Impact période		Seuil de criticité
			non critique	critique	
F1	Progiciel de Gestion Intégré (comptabilité, salaire, finance) *Périodes critiques :* *- période fiscale* *- conseils d'administration trimestriels*	Paiement des salaires Déclarations sociales et fiscales Paiement des spectacles Production des données analytiques	2	1	< ½ jour
F2	Gestion des ressources humaines	Congés, formations	3		< 1 semaine

Domaine : gestion des activités

ID	Applicatifs	Risques	Impact période		Seuil de criticité
			non critique	critique	
A1	Accès aux fichiers bureautiques	Activité quotidienne de l'entreprise	1		< ½ jour
A2	Messagerie - interne - externe	Messagerie, archives personnels (mails, carnets d'adresses...)	3 2		< 1 semaine < 2 jours
A3	Système d'information : applicatif d'exploitation de la base de données SQL (Intranet)	Annuaire, tableaux de bord Centre de documentation	2		< 2 jours
A4	Système d'information : applicatif d'exploitation de la base de données SQL (Extranet)	Gestion des subventions	2	1	< 1 jour
A5	Gestion comptable du stock de matériel scénique	Gestion comptable de stock	4		< trimestre

Domaine : service au public

ID	Applicatifs	Risques	Impact période		Seuil de criticité
			non critique	critique	
P1	Billetterie spectacles *Période critique :* *- ouverture de saison*	Edition des billets spectacle, gestion des adhérents, des droits d'accès au parc de prêts	2	1	< 1 jour
P2	Gestion de prêts de matériel scéniques	Planification, enlèvement, édition des contrats et des bilans	2	1	< 1 jour
P3	Système d'information : applicatif d'exploitation de la base de données SQL (Internet)	Mise à jour des données consultées sur www.iddac.net	3		< 1 semaine
P4	Système d'information : Services Web Sherpa	Contribution à la base de données documentaire	3		< 2 semaines
P5	Système d'information : client Access de la base de données Recg	Mise à jour du Répertoire des Equipements Culturels de la Gironde	4		< 1 mois
P6	Système d'information : client Access de la base de données spectacles *Période critique : ouverture de saison culturelle*	Mise à jour des spectacles mis en vente sur www.iddac.net	3	2	<2 jour

Figure 8 – l'analyse des risques et les seuils de criticité

<u>Remarque</u>
Il est considéré que l'impact sur la période critique est celle de référence, en effet il est impossible de préjuger de la date d'un sinistre.

Il a été ainsi décidé de constituer 3 classes de services en fonction des seuils de criticité.
La classe 1 est constituée des applicatifs propres aux activités internes IDDAC considérées comme vitales ainsi que celles concernant le service au public. Le système d'information est considéré également comme un enjeu majeur pour la partie gestion des dossiers de subventions du Conseil Général.

Classes de services	ID	Applicatifs	Priorité
Classe 1 : criticité majeure			
	A1	Serveur de fichiers bureautiques	1
	P1	Billetterie spectacle	2
	P2	Gestion des prêts de matériel	3
	F1	Progiciel de Gestion Intégré	4
	A4	Système d'information (Extranet)	5
Classe 2 : criticité moyenne			
	P6	Client Access base de données spectacles	6
	A2	Messagerie externe	7
	A3	Système d'information (Intranet)	8
Classe 3 : criticité mineure			
	P3	Système d'information (Internet)	9
	P4	Système d'information (logiciel Sherpa)	10
	A2	Messagerie interne	11
	F2	Gestion des ressources humaines	12
	P5	Système d'information (Recg)	13
	A5	Gestion de stock	14

Figure 9 – la classification de la criticité des applicatifs

Les risques évalués et hiérarchisés, le plan de reprise des activités met en œuvre un accès aux ressources en mode dit "dégradé" s'appuyant sur la classification des applicatifs.

<u>Le plan de reprise des activités en mode "dégradé"</u>

Le plan d'actions s'appuie sur deux principes organisationnels :
- des méthodes préventives telles que sauvegarde des données, la mise en place de systèmes de secours, l'externalisation des supports,
- des méthodes curatives telles que la reprise des données, le redémarrage des applicatifs, le redémarrage de l'infrastructure informatique.

Méthodes préventives

Le volume des données à sauvegarder étant inférieur à 1 To, la décision d'investir dans un SAN (Storage Area Network) coûteux ou un NAS (Network Area Storage) ne se justifiait pas.

La sauvegarde sur supports de type bandes et cartouches (AIT, DAT, SLR7) est maintenue, avec reprise possible sur 30 jours consécutifs, puis reprise mensuelle et enfin reprise annuelle. Des images incrémentielles des serveurs sont produites quotidiennement sur disques externes.

Méthodes curatives

La reprise des données s'appuie sur les logiciels de sauvegarde et de restauration. Concernant le redémarrage des applicatifs, deux solutions ont été retenues : la restauration d'une image clonée du disque défectueux grâce au logiciel LiveState Recovery de Symantec et, en cas de panne matériel bloquante, l'usage du logiciel VMware afin de virtualiser la machine concernée sur un serveur de secours.

Les tests effectués ont validé l'efficacité et la fiabilité de ces deux solutions. Il est remarquable néanmoins qu'un serveur de virtualisation reste très consommateur en ressources machine.

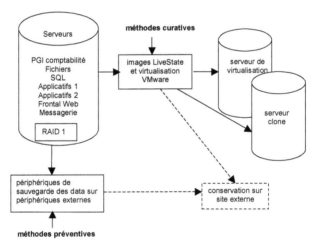

Figure 10 – PRA : les méthodes préventives et curatives

La démarche PRA a produit deux effets notables. Premièrement, la mise à jour et rationalisation des procédures garantit effectivement une optimisation de la reprise d'activité après une panne, et ceci à faible coût ; deuxièmement, l'implication de la Direction dans la validation des étapes de préparation du PRA facilite la communication de crise en situation critique et plus généralement la visibilité de la fonction de maintenance informatique au sein de l'entreprise.

2.2 L'INFRASTRUCTURE APPLICATIVE

Après étude, il a été convenu de déployer une plateforme Microsoft dans le cadre de la mise en place du système d'information.
Ont été ainsi préconisés et retenus : les systèmes d'exploitation Windows Server, le Système de Gestion de Bases de Données Relationnel SQL Server, le framework .Net et le langage ASP.Net. Les applicatifs seront développés en mode Web, exploitables via un navigateur.

Il a été également décidé de s'appuyer sur une typologie d'architecture dite 3-tiers, qui sépare l'application en trois couches de services fonctionnels distincts :
- la couche de présentation : l'affichage et les traitements locaux sont pris en charge par le poste client, dans le cas présent un navigateur,
- la couche applicative : les traitements applicatifs globaux sont pris en charge par le service applicatif, ici notre serveur d'applications,
- la couche de données : les services de base de données sont pris en charge par un SGBD, ici le serveur SQL.

Il a été choisi de s'engager dans un système considéré comme *propriétaire*, hors du contexte Open Source, en misant sur la disponibilité et la pérennité des compétences métiers de la sphère Microsoft ainsi que sur la maturité de ses offres logicielles. Une intégration optimale, en sélectionnant des produits issus d'un même éditeur, a été également visée. Enfin, la culture informatique acquise par les utilisateurs internes avec les produits Microsoft a été ainsi maintenue.

2.2.1 Le système d'exploitation

Après s'être déterminé pour le système d'exploitation Microsoft Windows Server 2003, il a été procédé à son implémentation et à la mise en place de l'architecture du domaine **iddac.net**. L'annuaire *Active Directory* (AD) a été activé et configuré afin de mettre à la disposition des utilisateurs un cadre fonctionnel et sécurisé d'accès aux ressources informatiques.

La configuration de l'AD

Le serveur contrôleur du domaine **iddac.net** a été implémenté sur le site principal, un contrôleur de réplication est mis en exploitation sur le site secondaire, les autres serveurs sont membres du domaine. Le mode mixte a été conservé afin de poursuivre l'exploitation d'un serveur Windows NT. Les services DNS (*Domain Name System*) et DHCP (*Dynamic Host Configuration Protocol*) ont été configurés.

Les comptes utilisateurs (groupes, scripts, etc.), les comptes de service, les unités organisationnelles (*OU Organizational Units*), les stratégies de groupe (GPO *Group Organizational Object*) ainsi que les droits d'accès aux ressources ont été configurés.

La réplication de l'AD et de l'infrastructure DNS (*Domain Name System*) a été mise en place à travers une topologie intersites entre le contrôleur de domaine principal et un contrôleur de domaine de réplication.

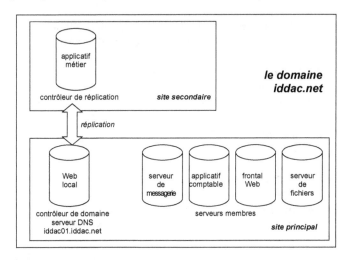

Figure 11 – la topologie du domaine iddac.net

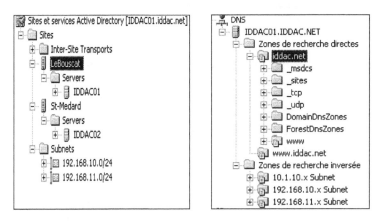

Figure 12 - DNS et topologie inter-site

La configuration du serveur Web

Par le biais du serveur Web IIS (*Internet Information Services*), deux sites Web ont été définis : un site Web public sur la DMZ et un site Web local sur le LAN. Deux pools d'applicatifs ont été créés : un pour le développement ASP, un autre pour ceux en ASP.Net. L'IP publique 83.206.x.xx est mappée avec les différents sites Web (*multi-hosting*) publics : culture-et-territoires.iddac.net, reporting.iddac.net, sherpa.iddac.net.

Les extensions IIS autorisées sont :
- ASP et ASP.Net 2.0 qui fournissent la prise en charge des applicatifs concernés
- service d'indexation

L'authentification est de type Windows intégrée et s'appuie sur des groupes d'utilisateurs affectés de permissions spécifiques (lecture, écriture, paramétrage).

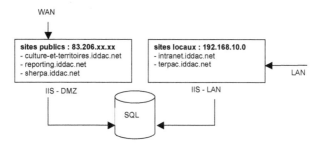

Figure 13 – l'organisation des sites Web

	Sites Web				
	intranet.iddac.net	culture-et-territoires.iddac.net	terpac.iddac.net	sherpa.iddac.net	reporting.iddac.net
Applicatifs	accueil intranet	- Annuaire Contacts et Organismes - Répertoire des Equipements culturels de la Gironde - Plateforme Culture et Territoires	- Territoires et Publics de l'Art et de la Culture	- client Sherpa	- Plateforme Culture et Territoires

Figure 14 – les correspondances entre applicatifs et sites Web

2.2.2 Le système de gestion de base de données relationnelle

La base de données relationnelle SQL Server propose, sur le marché des PME, une offre fonctionnelle pertinente sur le plan des performances et du coût. Ses capacités transactionnelles en font l'une des bases de données les

33

plus utilisées sur ce segment d'entreprises. Le SGBDR supporte un grand nombre de fonctionnalités : génération de code XML, recherche de texte intégral ou encore déploiement en cluster de données et l'intégration avec les autres solutions Microsoft.

Les composants de base en sont : un moteur relationnel, un moteur de stockage, un service d'analyse OLAP (analyse multidimensionnelle), des interrogations SQL en langage clair (Transact-SQL).

Les caractéristiques générales de l'implémentation

Une instance de SQL Server a été créée sur le serveur iddac01. L'architecture relationnelle des 160 tables, constituant la base de notre système d'information, a été implémentée en s'appuyant sur une modélisation MERISE garantissant ainsi l'intégrité référentielle. La base de données comprend, en sus des tables, des diagrammes, vues et procédures stockées. L'agent SQL Server permet d'automatiser les sauvegardes quotidiennes et la gestion des alertes. La stratégie de sauvegarde mise en application n'a pas nécessité de gérer les journaux de transaction pour une gestion fine des restaurations.

Il a été procédé au choix du mode d'authentification (SQL ou mixte SQL/Windows), à la création des comptes utilisateurs de la base de données (autorisation et propriétés sur les objets), à l'attribution des rôles (rôles de serveur fixes, rôles de bases de données fixes, rôles de base de données définis par l'utilisateur), au mappage des connexions authentifiées et à l'inscription du serveur lié (chez le prestataire hébergeur).
Exemples de connexions authentifiées :
- *SiteIddac*, compte standard SQL : accès à la base Iddac, utilisé dans les DTS
- *Sherpa*, compte standard SQL : accès à la base intersites via le logiciel client Sherpa
- *Report_Service_Users*, groupe Windows, exploitation du module Reporting Services

Les configurations spécifiques

La configuration des lots DTS

La base SQL est exploitée en interne et également en externe via le site www.iddac.net hébergé chez un prestataire. Il a été mis en place une synchronisation quotidienne, via des lots DTS (*Data Transformation Services*), entre la base locale et la base distante. Ce dispositif a garanti également une sauvegarde des données supplémentaire journalière et externalisée.

Ainsi le lot DTS, ExportIddacVersHébergeur, synchronise chaque nuit les données SLQ mises à jour en local avec les données mises à jour chez le prestataire hébergeur (via des workflow [10]spécifiques). Le lot planifié s'appuie sur la connexion ODBC (*Open DataBase Connectivity*) : SiteIddac.

La configuration des procédures stockées

Les procédures stockées mettent à disposition un ensemble d'instructions SQL précompilées conservées sur le serveur SQL, directement dans la base de données. Elles sont exécutées sur demande. L'intérêt en est la rapidité d'exécution, la simplicité de lecture et la sécurité.

Par exemple, la procédure stockée IddacAidesPretsParTerritoire, appelée par une requête Report Server, calcule le nombre de prêts de matériel par territoire géographique, avec valorisation financière année n et année n-1, et écarts de variation *(cf. annexe 1)*.

La configuration des vues

Une vue est une table "virtuelle" qui permet de rassembler des informations provenant de plusieurs tables. Intérêt : sélection de données à afficher, restriction d'accès à la table pour l'utilisateur, regroupement d'informations au sein d'une entité, elle-même exploitable par des requêtes. Une vue est utilisée, par exemple, dans le cas de la syndication de contenu sur le site d'un contributeur, lorsque celui-ci rapatrie l'ensemble de notices documentaires Sherpa le concernant.

La configuration des chaînes de connexion ODBC

Des connexions DSN (*Data Source Name*) ont été créées pour établir, en autres, la connexion entre notre base SQL et celle de notre prestataire hébergeur dans le cadre de la synchronisation quotidienne des données. Les paramètres fournis sont : nom des données source, nom de connexion authentifiée, IP de la destination, type d'authentification, compte de service, protocole de transport.

---

[10] Des formulaires Access en ligne.

Dans le cas d'applicatifs ASP.Net la connexion est inscrite dans un script *web.config*,
exemple :

```
connectionStrings>
<add name="Iddac"
connectionString="Password=XXXXXXX;Persist Security
Info=True;User ID=siteiddac;Initial
Catalog=iddac;Data Source=IDDAC01"
providerName="System.Data.SqlClient"/>
</connectionStrings>
```

La configuration de Microsoft Reporting Services

Microsoft SQL Server Reporting Services (SSRS) fournit des fonctionnalités Web de création de rapports d'entreprise permettant d'extraire du contenu depuis une large gamme de sources de données, de publier des rapports dans différents formats et de gérer de façon centralisée la sécurité et les abonnements.

Ce module est utilisé pour fournir des rapports d'aide à la décision destinés à l'IDDAC ainsi qu'à ses partenaires.
Il a été ainsi produit une quinzaine de rapports (format au choix : html, pdf, csv, xml, tiff) sur les aides financières, directes ou indirectes, attribuées aux acteurs culturels départementaux. Les aides sont classées par type de programmes, territoires, disciplines, périodes, avec production de totaux, moyennes, ratios de comparaison.

Reporting Services exploite des fichiers de définition de rapport (les fichiers rdl *Report Definition Language*) intégrant des requêtes SQL. Une interface Web permet également de paramétrer les rapports : définition de rôles, gestion des la sécurité, gestion des abonnements, production de rapports liés.

2.2.3 Le socle applicatif .Net et le langage ASP.Net

Un socle applicatif compile l'art et la manière d'utiliser au mieux les outils d'un modèle de composants pour implémenter les besoins fonctionnels de l'applicatif. La problématique de l'architecture logicielle peut s'appuyer sur le modèle conception MVC qui sépare les couches fonctionnelles : la couche *modèle* implémente la logique métier, la couche *vue* implémente l'interface

36

utilisateur et la couche *contrôleur* régit les interactions entre la vue et le modèle.

Dans cette logique d'encadrement et de méthode, les frameworks, ou cadres de programmation, constitués d'un ensemble de bibliothèques, d'outils et de conventions, contribuent à un développement plus productif d'applicatifs.

Microsoft Framework, le package distribuable de .Net, implémente le *runtime* .Net et les fichiers associés requis pour l'exécution des applicatifs

Les caractéristiques

.NET

.Net est une implémentation unique propre à Microsoft et procède d'un *"mouvement stratégique fondamental en termes d'impact sur l'architecture technique et marketing de l'industrie informatique en général."* [Chauvet02 p. 379] ayant pour ambition d'être à la fois une plateforme de développement et de déploiement d'applicatifs d'entreprise ainsi que de construction et de développement de services Web.

Le terme polysémique de .Net désigne à la fois le serveur d'intégration de Microsoft et l'environnement de développement, le framework, ainsi que ses outils.

Le framework .Net constitue un environnement de développement et d'exécution, au-dessus de la couche système d'exploitation, qui permet à divers langages de programmation et de librairies de coopérer pour créer des applicatifs basés sur un environnement Windows, également capable d'interopérer avec d'autres systèmes à travers les services Web.

.Net est issu des technologies Microsoft héritées de son système à base de composants logiciels, COM / DCOM, COM+, MTS, MSMQ, auxquelles ont été adjoints un moteur d'exécution, le CLR, ainsi que les standards des services Web.

Microsoft offre ainsi une migration à moindre coût des applicatifs à base d'anciennes technologies vers les nouvelles offertes par .Net.

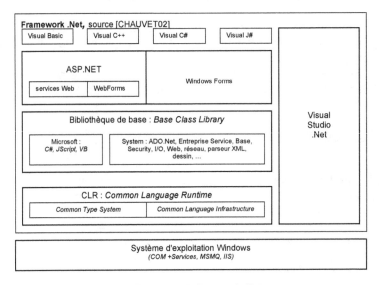

Figure 15 – *le framework .Net*

[Microsoft06]

L'environnement d'exécution CLR (Common Language Runtime)
Le *CLR* est une machine virtuelle d'exécution utilisant un langage
intermédiaire comparable au *bytecode* de Java : le *MSIL* (*Microsoft débit
Language*), compilé *just in time*[11]. Plusieurs compilateurs sont disponibles,
pour C++, C#, VB.Net, Perl, Python, etc.
Le moteur d'exécution assume les étapes de transformation du code source
en exécutable : vérifie, valide et authentifie les types, les méthodes et les
opérations. Il intègre les anciens objets binaires COM et DCOM. L'ensemble
de ces tâches constitue une exécution administrée (*managed process*) et met
en œuvre un conteneur d'exécution type machine virtuelle de Java (JVM).

Les assemblages CLR
Ce sont des nodules (*assembly*) composés du code MSIL et d'informations
de type métadonnées (le *manifest*). L'ensemble constituant une unité
autodescriptive et précompilées.
Exemple de mise en application :
- un applicatif Windows *.exe,*
- un applicatif Web, une dll prise en charge par le CLR,

---

[11] *Just In Time* : à la volée.

38

- des bibliothèques de classes : une dll stockée dans le GAC *(Global Assembly Cache),*
- des services Web.

La bibliothèque de base (Base Class Library)[12]
Tout objet de programmation est considéré comme une classe. La *Base Class Library* regroupe et organise ces fonctionnalités en espaces de noms *(namespaces).* Les fonctionnalités couvertes sont importantes, par exemple : appel aux composants COM, DCOM / COM+, implémentation de DOM / SAX, MSXML, du processeur XSLT, modélisation des processus via BizTalk Server et XLANG.
L'objectif est de faciliter la factorisation et l'extensibilité des classes, d'implémenter les standards Web dans le socle, d'unifier les modèles, d'augmenter la productivité du développeur, de faciliter l'utilisation de plusieurs langages et de sécuriser les applicatifs *(cf. annexe 2).*

ASP.Net

Environnement orienté objet pour le développement des applicatifs Web, ASP.Net est le prolongement d'ASP *(Active Page Server)* tout en l'étendant largement et fondamentalement avec, par exemple, la prise en compte de SOAP et WSDL.
Le modèle intègre les notions de gestion de cache, gestion de session et gestion de la persistance, améliore les performances dans les environnements clustérisés et multiprocesseurs ainsi que la sécurisation.
ASP.Net s'appuie sur les classes de programmation de .Net. C'est un modèle considéré comme scalable et extensible.

ASP.Net fonctionne en tant que conteneur, ou encore hôte CLR. Il peut être appelé par différents type d'applicatifs : un navigateur, un client lourd, un applicatif externe.

Deux modèles de programmation sont proposés :
- à base de *Web Forms*, permettant de développer une interface graphique Web à l'aide de formulaires en séparant les traitements de la présentation. Ainsi le formulaire représente la page Web et les traitements sont contenus dans une seconde page nommée *Code Behind*,
- à base de *Web Services*, c'est-à-dire tout le mécanisme d'élaboration de la logique métier par le biais des services Web. Du côté client *Web Service Behavior* permet d'invoquer des services Web, du côté serveur, c'est le dispositif d'implémentation et de publication des services Web. ASP.Net

---
[12] Cf. Annexe 2.

traite les requêtes en invoquant les objets qui implémentent les fonctions du service et convertit les résultats de ces opérations en messages ou documents XML appropriés.

ADO.Net

ADO.Net est un modèle d'architecture d'accès aux bases de données assurant la couche de persistance. Succédant à ADO[13] et ODBC, ADO.Net est scalable et s'appuie intégralement sur XML et sur OLE-DB[14]. Totalement intégré à la plateforme .Net, ADO.net s'appuie sur le concept de fournisseurs managés : toutes les classes pouvant communiquer avec la source de données sont regroupées dans le fournisseur managé, toutes celles liées au jeu d'enregistrement étant regroupées dans le *DataSet*. Le modèle ADO.Net est défini comme un dispositif d'exploitation de bases de données orienté environnements multi-tiers ayant comme objectif de faciliter la création des objets métiers visant à l'interopérabilité.

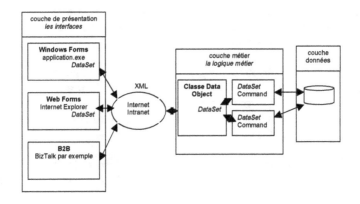

Figure 16 – *l'architecture multi-tiers et les composants ADO.Net*

---

[13] ADO : *Microsoft ActiveX Data Objects.*
[14] OLE-DB : API Microsoft d'accès aux SGBD autres que SQL Server.

Exemple de mise en œuvre dans le cadre du système d'information :

Les objets métiers "iddac" .Net

Dès le début des phases de développement des applicatifs, la nécessité d'anticiper des évolutions a été prise en compte en commandant la création d'objets métiers réutilisables. Deux bibliothèques de classes génériques on été créées en VB.Net : *ClassSQL.dll*, contenant des commandes SQL génériques et *IddacMetier.dll*, proposant les classes métiers de la gestion des organismes et des dossiers d'aides.

Les services Web Iddac

Les services Web consommés par le logiciel client Sherpa ont été exposés sur le serveur frontal Web, à l'adresse http://sherpa.iddac.net/services.asmx. Ceux-ci proposent trois familles de fonctionnalités : la mise en œuvre de la connexion, la mise à disposition des listes documentaires, la mise à jour des notices.

Bilan de la mise en œuvre de l'infrastructure technique et applicative

Le renouvellement de l'infrastructure matériel et la mise en place d'une architecture
3-tiers ont été des missions pilotées et réalisées en interne.

La mise en œuvre de l'infrastructure a consisté en l'investissement dans les équipements informatiques, la construction du réseau local et distant, la mise en place de l'architecture de sécurité. La commande de sécurisation a répondu à une demande précise de la collectivité de tutelle de l'IDDAC, le Conseil Général de la Gironde, qui souhaitait légitimement avoir toutes les garanties de sécurité et d'intégrité pour le traitement de ses données externalisées.
Sur le plan logiciel d'exploitation, il a été procédé à la configuration de l'environnement système du domaine *iddac.net* ainsi que du socle applicatif destiné à accueillir le système d'information.
Incluse dans les phases de mise en œuvre de l'infrastructure, la réalisation d'un plan de reprise après sinistre a apporté la garantie de fiabilité nécessaire à la mise en exploitation.

Sur le plan applicatif, le choix de solutions logiciels matures, tels le système de gestion de base de donnés relationnelle Microsoft SQL Serveur et le framework .Net, s'est révélé opportun en termes de performances et d'intégration des briques logicielles.
Il a été ainsi concevable d'interconnecter rationnellement l'ensemble des modules applicatifs, mais aussi des outils de back-office, et de proposer des interfaces de présentation des données multiples : Intranet, Extranet, Internet, syndication, flux XML.
Des services Web ont été également déployés sur le socle .Net. Ils ont renforcé le principe d'agilité de l'infrastructure chargée d'intégrer les développements applicatifs en améliorant ses possibilités d'évolution et d'adaptation.

En conséquence, cette première étape de mise en œuvre du cadre technique et applicatif a conforté l'IDDAC, sur le plan économique et sur le plan des performances, dans sa mission d'innovation dans le domaine des nouvelles technologies de l'information.

3 – LA CONDUITE DE PROJET : PILOTAGE DES DEVELOPPEMENTS APPLICATIFS

La mission de conduite de projet des développements applicatifs a consisté à fournir une assistance à maîtrise d'ouvrage. La Direction de l'IDDAC m'a confié l'encadrement de la réalisation des lots précédemment décrits (*cf. paragraphe 1.2.3, page 13 et suivantes*) : analyse des besoins, élaboration des cahiers des charges et appels d'offres, planification, suivi et contrôle des phases de mise en œuvre avec les SSII chargées du développement.

Le choix d'une infrastructure technique et applicative ayant été identifié dès le début du projet, les cahiers des charges ont imposé des clauses techniques spécifiques, orientant ainsi les soumissionnaires.

Les commandes de développements applicatifs se sont succédées sur une période longue, de 2002 à 2006. La plus grande attention a donc été portée à la mise en place d'une méthodologie de conduite de projet. Les risques ont été évalués (risques liés au projet et au produit, risques liés au prestataire de service,) en se référant au concept de variables de projets : la qualité finale est dépendante de l'équilibre entre les contraintes de temps, de coût et d'exigences fonctionnelles.

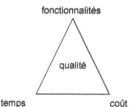

Figure 17 – la conduite de projet : les variables d'équilibre

[Wade05]

43

3.1 LA METHODOLOGIE DE CONDUITE DE PROJET

3.1.1 Le processus projet

Un management de projet orienté processus

Dans l'objectif d'une meilleure maîtrise de projet, la vision processus a été adoptée dans le cadre du pilotage des travaux. Il s'agit, à la fois, du processus productif de création et de livraison des applicatifs ainsi que du processus de direction du projet.

La norme ISO9000 définit un processus comme "*toute activité utilisant des ressources et gérée de manière à permettre la transformation d'éléments d'entrée en éléments de sortie*"[15].

Les processus de management projet sont normalisés par des organismes tels ISO (ISO10006:2003) ou le PMI (*Project Management Institute*) dans le référentiel PMBOK, (*cf. analyse détaillée des processus métier du système d'information, paragraphe 3.2.1, page 44 et suivantes*).

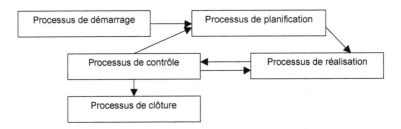

Figure 19 – les activités de gestion de projets : source PMBOK

Le cycle de vie du projet de développement logiciel

Un cycle de vie logiciel dit en cascade a été choisi. Les processus sont ordonnés, planifiés et développés par étapes successives. Les reprises se limitent aux phases immédiatement précédentes. Le risque majeur, comparativement à d'autres méthodes, de type itératif par exemple, peut être celui d'un correctif lourd, car tardif, si le besoin a été mal mesuré à l'origine.

---

[15] ISO 9004:2000 Systèmes de management de la qualité : lignes directrices pour l'amélioration des performances.

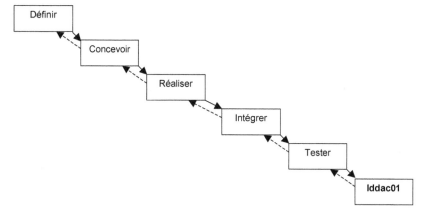

Figure 18 – les cycles de vie du projet d'ingénierie du logiciel,
source : "Managing the Development of Large Scale Software Systems".
Dr Winston W Royce - Proceedings of IEEE, Wescon 1970

3.1.2 La finalité du projet et la définition des livrables

La finalité du projet

Les objectifs intermédiaires du projet ont été précisés dans des notes de cadrage : écrites conjointement par l'IDDAC et ses partenaires (DRAC, Conseil Général, associations) au sein du groupe de pilotage, elles confirment le consensus sur la finalité du projet et font office de documents de référence intangibles. Un contrat moral, constitué d'engagements réciproques, a ainsi été passé entre les différents protagonistes du projet. Les notes de cadrage ont défini également précisément un ensemble de conditions : le cadre financier, le pilotage opérationnel et, dans le cas particulier du projet Sherpa, les droits de diffusion du logiciel.

La définition des livrables

5 applicatifs constituent le socle du système d'information de l'IDDAC, auxquels s'ajoutent les interfaces de présentation des données sur le site www.iddac.net.

LV1 - Annuaire Contacts et Organismes : gestion de la base de données référence des acteurs culturels départementaux, répondant à des besoins administratifs internes et partagée également avec les partenaires du réseau IDDAC[16].

---

[16] Centres culturels départementaux, opérateurs culturels, Education Nationale.

LV2 - Territoires et Publics de l'Art et de la Culture (Terpac) : gestion documentaire répondant à deux objectifs, administrer le centre de documentation de l'IDDAC et partager la ressource documentaire avec les partenaires du réseau IDDAC. Le projet s'appuie sur une convention de partenariat avec le Ministère de la Culture via la DRAC Aquitaine.

LV3 - Plateforme Culture et Territoires : gestion administrative et financière du suivi des subventions départementales octroyées par la DCC (Direction de la Culture et de la Citoyenneté) du Conseil Général de la Gironde, complétée par l'intégration des données analytiques du PGI de l'IDDAC[17]. Elle fournit également aide à la décision et cartographie des activités culturelles départementales, par le biais d'outils de *reporting* et de production de tableaux de bord. Intégration à l'Annuaire Contacts et Organismes et accès ouvert aux agents de la DCC via un Extranet pour la contribution au système d'information.

LV4 - Répertoire des Equipements Culturels de la Gironde : gestion d'une base de données métiers des lieux de spectacles départementaux : fiche technique, plans, photos, renseignements administratifs. Données jusque là exploitées sur une base de données propriétaire.

LV5 - Sherpa : logiciel client serveur pour la contribution à la base de données partagée Terpac et pour la gestion en propre d'un fonds documentaire. A destination des petites associations, le logiciel s'appuie sur les Services Web afin d'interopérer avec le serveur documentaire de l'IDDAC.

LV6 - Interfaces de présentation des données sur le site www.iddac.net : publication des données de chaque brique du système d'information, en accès réservé ou non, appropriables ou non. Egalement mise en place de flux XML pour l'agrégation des contenus documentaires sur les sites partenaires.

---

[17] PGI : Progiciel de Gestion Intégrée, dans le cas présent l'applicatif de comptabilité et gestion financière CEGID.

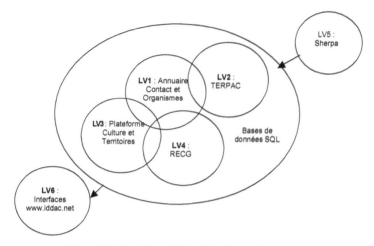

Figure 19 – le système d'information : interaction des applicatifs

3.1.3 Le pilotage du projet

La planification du projet est une étape fondamentale dans le management de projet, elle consiste à :
- définir les tâches à réaliser,
- fixer les objectifs,
- coordonner les actions,
- maîtriser les moyens,
- diminuer les risques,
- suivre le déroulement des travaux,
- rendre compte de l'état d'avancement du projet.

La planification fournit également une aide à la prise de décision ainsi qu'un support de communication entre les différents protagonistes du projet.
Le suivi planifié du projet permet d'effectuer en permanence un comparatif entre la prévision et la réalisation, grâce à la disponibilité d'informations fiables sur :
- les charges consommées, les reports d'échéance et les coûts,
- l'estimation des travaux non encore réalisés et de ceux complémentaires à prévoir,
- les difficultés rencontrées : techniques, humaines, politiques.

ID	Livrables	2002	2003	2004	2005	2006	Jours/ homme
LV1	Annuaire Contacts et Organismes	→→→					40
LV2	Terpac	→→→→→→					75
LV3	Plateforme Culture et Territoires					→→	40
LV4	Recg				→→		10
LV5	Sherpa				→→→→		45
LV6	Interfaçage avec le site www.iddac.net		→→→→→→				60
total							270

Figure 20 – *la planification de la réalisation des lots*

Un outil de planification du projet : le WBS

Le processus de planification : le *Work Breakdown Structure* (WBS), ou plan projet, permet l'identification des tâches, la détermination des dépendances entre celles-ci, l'allocation et l'optimisation des ressources. Dans le cas présent, la gestion des ressources a été sans objet puisque le développement a été confié à des SSII.

Il a été procédé ainsi à des appels d'offres, dans le cadre d'une procédure MAPA (Marchés A Procédures Adaptées) du Code des marchés publics, publiés sur le site de l'IDDAC et dans le BOAMP (Bulletin Officiel des Annonces des Marchés Publics).

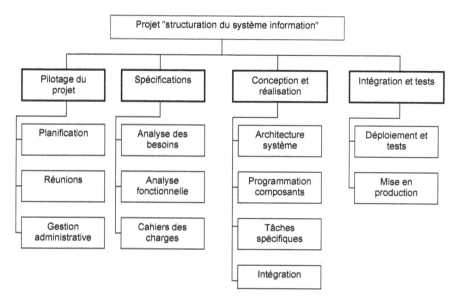

Figure 21 – l'organigramme des tâches (WBS) par phase

Pour chaque livrable, les phases suivantes ont été conduites conjointement avec les prestataires :
- analyse des besoins et analyse fonctionnelle (modélisation des bases de données, définition des traitements),
- définition des interfaces,
- production du cahier des charges,
- déploiement, tests, mise en production.

Pour chaque livrable, les tâches suivantes d'ingénierie du logiciel ont été exécutées par les prestataires :
- architecture d'intégration,
- réalisation des composants,
- réalisation des interfaces graphiques.

Exemple de réalisation des tâches : le livrable Sherpa (LV5)

ID	Libellé de la tâche	Durée	Début	Fin	Pré requis	Ressources
LV5.1	**Sherpa**	**45 jours**	**mai 05**	**jan 06**		
LV5.2	**Spécifications**	**7 jours**	**mai 05**	**sept 05**		Chef de projet + prestataire
LV5.3	Analyse des besoins	4 jours	mai 05	sept 05		
LV5.4	Analyse fonctionnelle	3 jours	sept 05	sept 05	LV5.3	
LV5.5	*Cahier des charges validé*	*0 jour*			*LV5.2*	
LV5.6	**Conception et réalisation**	**32 jours**	**nov 05**	**janv 06**		Prestataire
LV5.7	Architecture	2 jours	nov 05	nov 05	LV5.4	
LV5.8	Composants client	11 jours	nov 05	nov 05	LV5.7	
LV5.9	Composants Services Web	11 jours	déc 05	déc 05		
LV5.10	Intégration SW	8 jours	déc 05	janv 05	LV5.7	
LV5.11	*Réalisation terminée*	*0 jour*			*LV5.6*	
LV5.12	**Tests**	**6 jours**	**janv 06**	**janv 06**		Chef de projet + prestataire
LV5.13	Intégration	1 jour	janv 06	janv 06	LV5.11	
LV5.14	Recette	5 jours	janv 06	janv 06	LV5.13	
LV5.15	*Livraison terminée*	*0 jour*			*LV5.12*	

Figure 22 – WBS : l'organigramme des tâches avec séquencements, jalons et affectation des durées et des ressources, livrable Sherpa

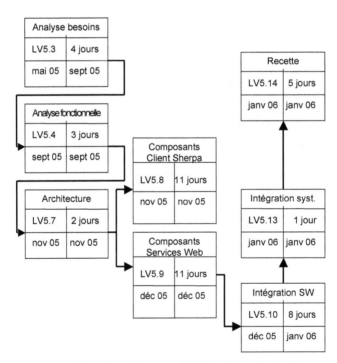

Figure 23- WBS : le diagramme PERT des tâches, livrable Sherpa

La planification des livrables s'est échelonnée dans le temps du projet global. Les étapes se sont parfois chevauchées ou ont été différés lorsque le début d'une tâche était lié à la réalisation d'une autre ayant pris du retard.

Une vue précise et complète de l'avancement des développements applicatifs complémentaires dans des temps longs a été indispensable au pilotage du projet, en particulier sur le plan de la communication.

Les multiples partenaires du projet, à des degrés divers, ont justifié la présence d'un interlocuteur unique, le chef de projet, capable à tout moment de restituer un état détaillé des travaux en cours.

3.2 LE DEVELOPPEMENT ET L'INTEGRATION DES BRIQUES APPLICATIVES

La modélisation par vues architecturales a été retenue. En effet, elle offre une vision conceptuelle des étapes à franchir, apporte un bon soutien pratique, impacte directement la mise en œuvre et permet de garantir une bonne évolutivité au système conçu.

La caractéristique du processus de modélisation est de s'appuyer sur les abstractions que sont les deux points de vue majeurs : architecture fonctionnelle et architecture technique. L'organisation en quatre vues de structurations est ainsi définie : métier, fonctionnelle, applicative et technique [Chaffiol].

Les diagrammes UML sont également utilisés, dont le modèle (la vue 4 + 1[18]) croise notre structuration architecturale.

Les activités d'ingénierie du logiciel sont abordées ainsi :
- architecture **métier** : quels processus métier doit-on structurer ?
- architecture **fonctionnelle** : quelles fonctionnalités développer pour répondre aux processus métier ?
- architecture **applicative** et **technique** : comment structurer l'applicatif, à l'aide de quels outils, quels choix techniques ?

Afin d'illustrer cette mission d'assistance à maîtrise d'ouvrage, l'ensemble de la stratégie métier du système d'information sera présentée dans un premier temps puis, dans un deuxième temps, la méthodologie de développement du logiciel Sherpa, contributeur de la plateforme Terpac, sera détaillée.

---

[18] La vue 4 + 1 UML : logique, processus, développement et physique, plus les cas d'utilisations et les scénarios [Miles06].

3.2.1 L'architecture du système d'information : vue métier

La définition de la stratégie

La stratégie de l'IDDAC s'est appliquée, dans un contexte de partage des ressources et d'interopérabilité des systèmes, sur les champs suivants :
- offrir des outils de gestion administrative, financière et d'aide à la décision, en ouvrir l'accès aux partenaires, (annuaire Contacts et Organismes et Plateforme Culture et Territoires),
- répondre aux besoins documentaires du centre de ressources de l'IDDAC et de ses partenaires, fournir une information spécialisée sur les pratiques artistiques départementales dans le secteur du spectacle vivant (plateforme Terpac et logiciel Sherpa),
- répondre aux besoins métier des acteurs culturels : compagnies, associations, communes (annuaire Recg).

En offrant une vision globale des activités culturelles départementales et en proposant la mutualisation des ressources et des moyens, le système d'information de l'IDDAC a souhaité répondre à une demande des partenaires institutionnels et privés de consolidation et de partage de l'information.

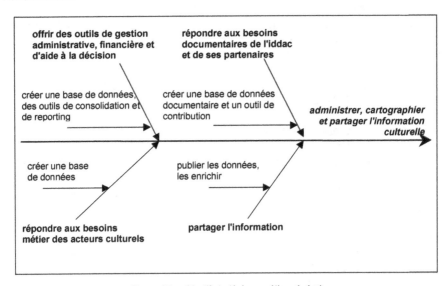

Figure 24 – objectif stratégique métier général,
un système d'information de soutien à l'action culturelle

La cohérence entre la stratégie, l'organisation et le système d'information est une nécessité avérée en termes de performance économique. Dans cette perspective l'entreprise doit concevoir un système informatique au service du système d'information, *"réactif, efficient et efficace [...] il faut le construire comme un assemblage de composants faiblement couplés c'est le principe d'urbanisme"* [Morley05].

Sur ce principe, les processus métiers ont été identifiés en s'inspirant des règles de bonnes pratiques [Longépé06]. Cette modélisation élémentaire a été respectée dans la perspective de l'évolution du système d'information et de son interopérabilité.

"Les processus[19] sont conçus pour apporter une valeur ajoutée et réaliser les orientations de l'entreprise" [Morley05]. A cet effet nous avons souhaité mettre en œuvre une démarche de modélisation des processus métier.

Les processus et flux métier

Les diagrammes d'activités, utilisés ci-dessous, décrivent *comment* le système accomplira les activités de réalisation d'un processus ainsi que leur chaînage. Cette méthode de modélisation est bien adaptée à la présentation des processus métiers de haut niveau destiné à un large public [Miles06].

Ci-dessous sont représentés les différents applicatifs constitutifs du système d'information, hors logiciel Sherpa traité spécifiquement au chapitre 3.3 page 56.

Remarque

Le terme "base SQL LAN" fait référence au serveur SQL situé à l'IDDAC.

Le terme "base SQL WAN" fait référence au serveur SQL situé chez le prestataire hébergeur du site ww.iddac.net

Annuaire Contacts et Organismes

L'applicatif permet de gérer plusieurs milliers d'organismes et de contacts à des fins d'annuaire et de besoins administratifs (publipostage et publi-mailing par exemple). C'est la brique de référence de tout le système d'information qui se construira à partir de cette base initiale. Suivant les recommandations de la CNIL[20], tout organisme est informé et doit donner son accord avant publication sur le site de l'IDDAC. Une vue simplifiée de l'annuaire est proposée aux internautes, avec possibilité d'extraction au format *csv*.

L'étape "synchronisation" indique la phase de mise à jour quotidienne des données entre le serveur SQL local et le serveur SQL hébergé.

---

[19] L'ISO 9000:2000 définit ainsi le processus "Ensemble d'activités corrélées ou interactives qui transforme des éléments d'entrée en éléments de sortie".

[20] Commission Nationale de l'Informatique et des Libertés.

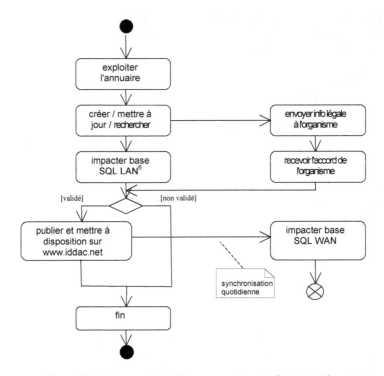

Figure 25 – *diagramme d'activité : processus Annuaire Contacts et Organismes*

Terpac
L'applicatif répond aux besoins métier d'un centre de documentation : catalogage, bulletinage[21], gestion des abonnements et des prêts. Le workflow intègre le suivi et la validation des notices externes, générées par le logiciel Sherpa avant publication sur www.iddac.net. Les notices des partenaires contributeurs sont proposées à ceux-ci pour syndication, par exemple le RAMA : www.le-rama.org/ressources/presentation.aspx
Enfin, le cadre de notre partenariat avec la DRAC nous oblige légalement à mettre à jour le thésaurus Vie Culturelle à chaque nouvelle version.

---

[21] Gestion des périodiques.

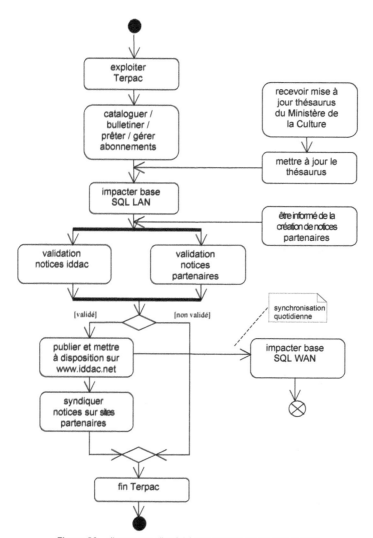

Figure 26 – *diagramme d'activité : processus Plateforme Terpac*

Recg

A destination des techniciens du spectacle, le répertoire propose une cartographie girondine exhaustive des lieux de représentations (sites couverts, sites de plein air, sites d'exposition) et des équipements. Il intègre des informations administratives et des relevés techniques : photos et plans des sites ainsi que des listes d'équipements, tous téléchargeables. L'applicatif permet la gestion complète des données collectées sur le terrain par le technicien contributeur.

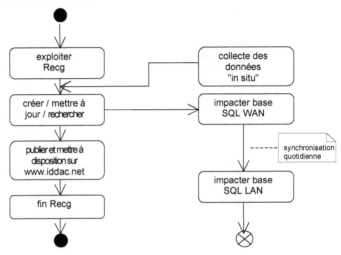

Figure 27 – diagramme d'activité : processus Répertoire Recg

Remarque

La mise à disposition consiste à proposer au téléchargement les plans des salles et les listes des équipements

Plateforme Culture et Territoires

Exploité à la fois par le Direction de la Culture du Conseil Général et l'IDDAC, l'applicatif s'appuie sur la brique Annuaire Contacts et Organismes pour la gestion des aides départementales à l'action culturelle : aides financières (dotations de subventions) et aides non financières (prêts de matériel, formations). De nombreuses fonctionnalités de synthèses, d'historiques et de tableaux de bord répondent aux besoins de consolidation des données entre les deux institutions et de cartographie des aides, jusque là difficiles à produire. La vue financière est complétée par une liaison avec les données analytiques de la comptabilité IDDAC. Pour des raisons compréhensibles, ces données ne sont pas publiées sur le site de l'IDDAC.

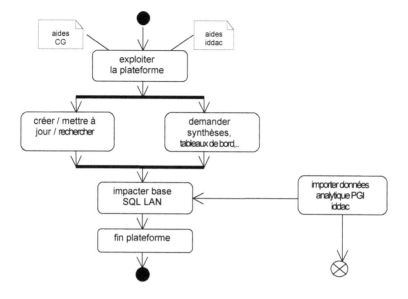

Figure 28 – *diagramme d'activité : processus Plateforme Culture et Territoires*

Interfaçage avec le site iddac.net

La phase interfaçage avec le site iddac.net consiste principalement à mettre à disposition des partenaires de l'IDDAC une vue du système d'information. Les données validées en local sont ainsi publiées quotidiennement après synchronisation des serveurs SQL. Les requêtes en ligne proposent une couverture fonctionnelle simplifiée en termes de critères de recherche et d'informations renvoyées. Une partie des données publiées est téléchargeable.

Un outil de back-office permet de renseigner en temps réel la base spectacles (modification de dates, jauge, annulation de représentations) exploitée par le module de billetterie en ligne. Ces données spectacles sont disponibles en local via la synchronisation quotidienne.

Enfin, un grand nombre de formulaires en ligne proposent aux internautes des inscriptions aux formations, rencontres et les souscriptions aux abonnements.

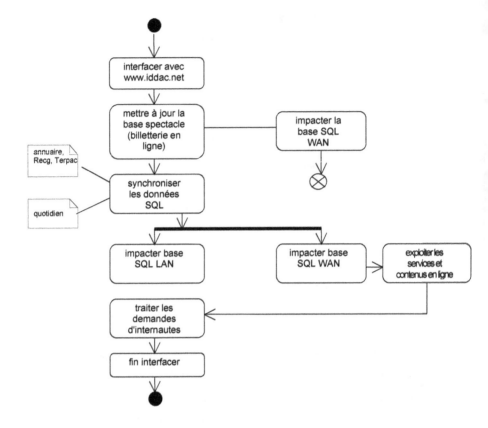

Figure 29 – *diagramme d'activité : processus Interfaçage avec le site iddac.net*

3.2.2 L'architecture du système d'information : vue fonctionnelle

Après avoir défini les activités de réalisation des processus métiers, les spécifications des fonctionnalités liées à ceux-ci sont abordées ci-dessous. Le formalisme UML propose à ce niveau d'analyse d'utiliser les diagrammes de séquences [Miles06] afin de représenter les collaborations et les interactions illustrant la dynamique du système étudié. Ceux-ci pourront servir directement à définir les objets que le développeur utilisera dans le code de l'applicatif.

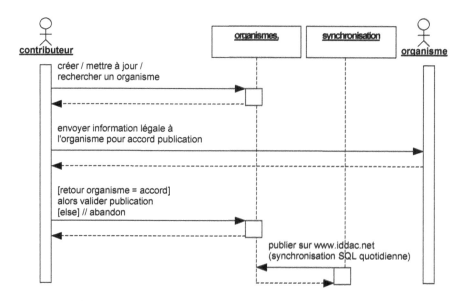

Figure 30 – *diagramme de séquences : annuaire, la création d'un organisme*

Remarque

L'objet *synchronisation* met à jour quotidiennement les données Contacts et Organismes, (mais également Terpac, Recg et Spectacles) entre les bases SQL locale et hébergée.

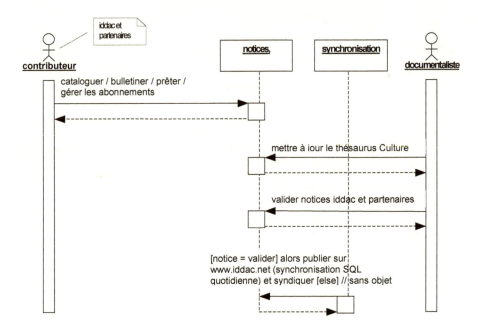

Figure 31 – *diagramme de séquences : Terpac, la création d'une notice*

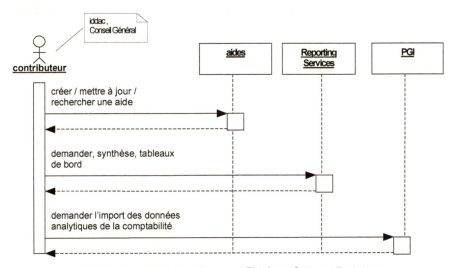

Figure 32 – *diagramme de séquences : Plateforme Culture et Territoires*

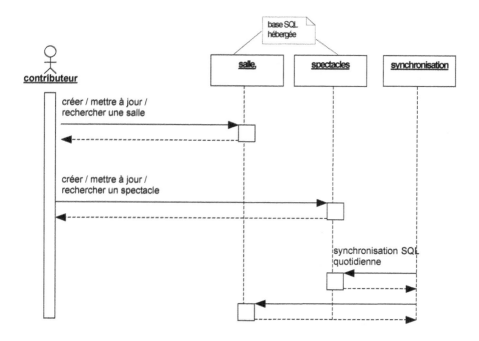

Figure 33 – diagramme de séquences : interfaçage site iddac.net, Recg et spectacles

<u>Remarque</u>

Les objets salle, matériel et spectacle exploitent directement la base de données SQL hébergée, la publication sur le site www.iddac.net s'opère alors en temps réel.

61

3.2.3 L'architecture du système d'information : vue applicative et technique

La vue applicative

Comme précédemment décrit dans le chapitre 2.2 Infrastructure applicative *(cf. paragraphes 2.2.1, 2.2.2, et 2.2.3, page 27 et suivantes)*, il a été choisi de développer des applicatifs en mode Web, en s'appuyant sur le framework .Net, SQL Serveur et le serveur Web IIS. Le premier lot a été développé en ASP, les suivants en ASP.Net.
Il est à préciser que les interfaces de gestion du Recg et de l'agenda spectacle (développement complémentaire hors lots) exploitent des formulaires Access en ligne, via une liaison ODBC.

Les Modèles Conceptuels des Données (MCD) sont présentés en annexe 4.

La vue technique

Le diagramme de déploiement général ci-dessous illustre la disposition physique des matériels qui composent le système et la répartition des composants sur ces matériels.
Il est à préciser que :
- le site Web *intranet.iddac.net* est le portail d'accès aux applicatifs et aux diverses ressources locales,
- le site Web *terpac.iddac.net* désigne l'applicatif documentaire Terpac,
- le site Web *culture-et-territoires.iddac.net* est le point d'entrée pour les applicatifs annuaires Contacts et Organismes et Recg ainsi que pour la plateforme Culture et Territoires,
- le site Web *reporting.iddac.net* désigne l'application Microsoft Reporting Services,
- le site Web *sherpa.iddac.net* désigne l'applicatif Sherpa,
- l'accès local IDDAC au serveur frontal Web se fait par une redirection DNS.

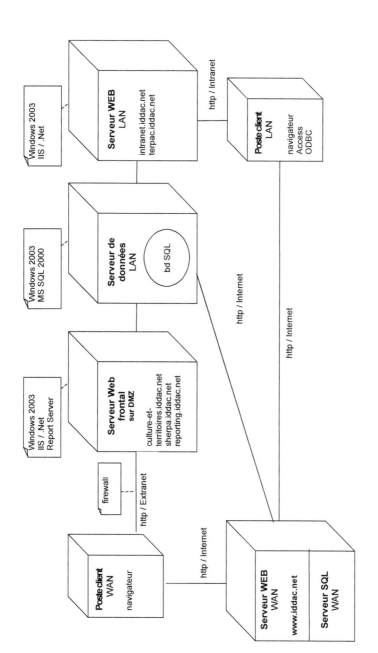

Figure 34 – diagramme de déploiement général

3.3 LA MODELISATION DU LOGICIEL SHERPA

La modélisation du logiciel Sherpa est détaillée dans ce chapitre. Sherpa présente en effet un intérêt particulier à la fois sur le plan métier, la mise à disposition d'un outil documentaire "normé", et, sur le plan technique, la mise en œuvre de services Web facilitant interopérabilité et extensibilité.

3.3.1 L'architecture de Sherpa : vue métier

Comme présenté dans la description des livrables, le logiciel Sherpa répond au double intérêt du contributeur et de l'IDDAC : gestion d'une base de données locale en mode déconnecté d'une part, enrichissement de la base Terpac en mode connecté d'autre part.

Les partenaires fournissent ainsi de nouvelles notices à la base documentaire commune tout en bénéficiant des normes d'indexation issues du thésaurus spécifique "Vie Culturelle" du Ministère de la Culture et de la Communication. L'utilisateur peut également gérer simplement en local son propre système documentaire s'il le souhaite.

Stratégiquement, le déploiement des services Web est apparu comme un objectif majeur ayant à la fois une valeur technologique propre et une valeur en tant que prise de position de l'IDDAC en faveur de l'interopérabilité des systèmes.

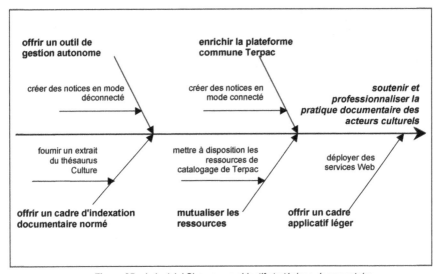

Figure 35 – le logiciel Sherpa : un objectif stratégique documentaire

L'identification des processus

Les processus répondent aux objectifs raisonnés d'évolution de la plateforme documentaire Terpac : ouvrir la ressource à des contributeurs externes, offrir un outil de gestion autonome, assurer le contrôle dans les règles et les bonnes pratiques documentaires.

Les processus opérationnels :
- le processus de création d'une notice documentaire sur la base Terpac (physiquement située à l'IDDAC, adressable par http://sherpa.iddac.net) avec mise à disposition dynamique des ressources de la plateforme DRAC / IDDAC (liste d'auteurs, liste d'éditeurs, etc.) ainsi que les listes d'autorité extraites du thésaurus "Vie Culturelle", en vue du catalogage[22] et de l'indexation des notices,
- le processus de création d'une notice documentaire locale, incluant les mêmes caractéristiques documentaires, mais autorisant un usage en mode déconnecté.

Le processus de pilotage :
- la gestion simplifiée du workflow consiste en un contrôle de validité d'une nouvelle notice générée par un contributeur, indispensable avant la publication sur le site ressources www.iddac.net. Ce contrôle manuel est assuré par la documentaliste après alerte automatique par envoi de mails.

---

[22] Catalogage documentaire : c'est la description physique d'un document : type d'ouvrage, localisation, etc., et intellectuelle : indexation, ici avec thésaurus, et résumé.

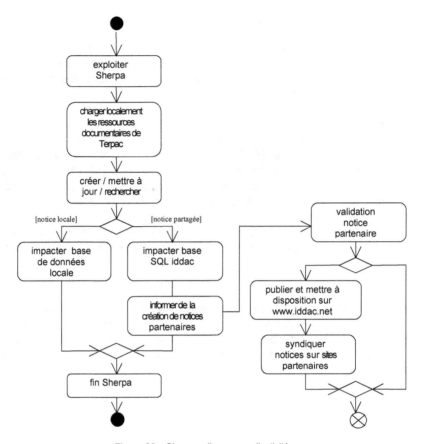

Figure 36 – *Sherpa : diagramme d'activité*

66

3.3.2 L'architecture de Sherpa : vue fonctionnelle

La vue fonctionnelle

La demande de l'utilisateur est de pouvoir travailler en mode connecté ou déconnecté. C'est la raison pour laquelle il a été décidé de développer un logiciel de type client serveur afin de permettre une exploitation dans les deux modes.

Une version "webisée" n'a pas été retenue dans ce contexte. L'utilisateur ciblé est une association de petite taille, voire un intermittent du spectacle. L'usage d'Internet peut encore être problématique en termes d'accès ou de qualité de liaison.

Les diagrammes de cas d'utilisation UML [Miles06] sont utilisés pour décrire les relations entre les cas et les acteurs ainsi que pour spécifier les besoins.

Cas d'utilisation : **création d'une notice** (mode connecté ou déconnecté)
Déclenché par : contributeur
Description : lorsque le contributeur désire créer une notice documentaire (locale ou Terpac) il établit une connexion pour mettre à jour ses ressources locales et crée une nouvelle notice
Cas d'erreur : si la connexion n'est pas possible, le mode connecté n'est pas possible

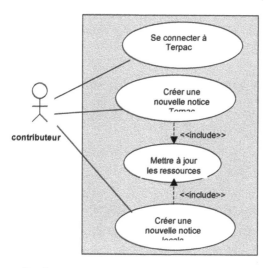

Figure 37 – Sherpa : vue de cas d'utilisation, la création d'une notice

Cas d'utilisation : **validation d'une notice Terpac pour publication sur site www.iddac.net**

Déclenché par : documentaliste

Description : la documentaliste est informée en temps réel par mail (celui-ci affiche un lien sur la notice créée et indique le nom du contributeur) de la création d'une notice Terpac, publiée à ce moment uniquement sur l'Intranet de l'IDDAC. La notice est validée ou ne l'est pas, et sera publiée sous 24 heures à la prochaine synchronisation des bases de données iddac et site iddac :

www.iddac.net/06_reseau/06_documentation/06_doc_01_menu.asp.

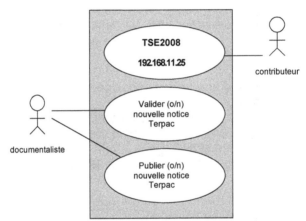

Figure 38 – Sherpa : vue de cas d'utilisation, la validation d'une notice partagée Terpac avant publication sur le site iddac.net

La vue logiciel

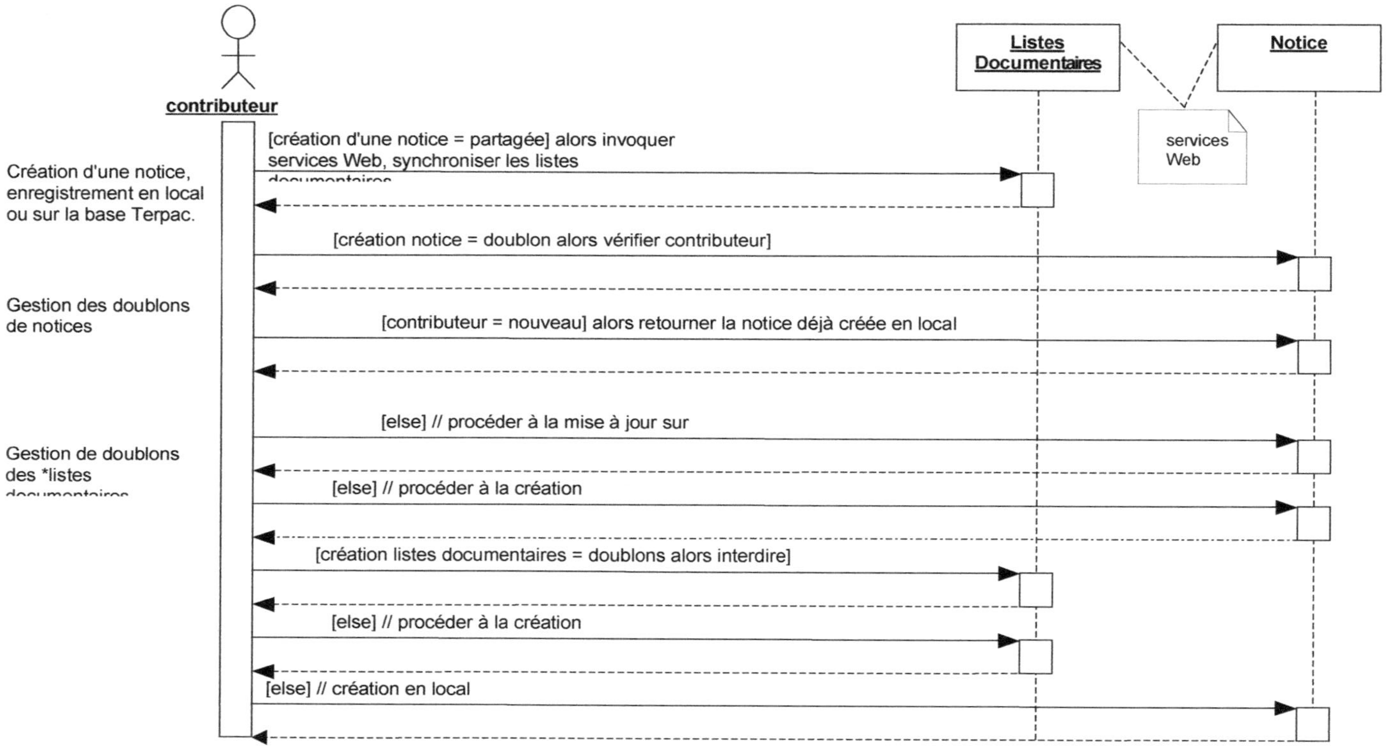

contributeur

[création d'une notice = partagée] alors invoquer services Web, synchroniser les listes

Création d'une notice, enregistrement en local ou sur la base Terpac.

[création notice = doublon alors vérifier contributeur]

[contributeur = nouveau] alors retourner la notice déjà créée en local

Gestion des doublons de notices

[else] // procéder à la mise à jour sur

[else] // procéder à la création

Gestion de doublons des *listes documentaires

[création listes documentaires = doublons alors interdire]

[else] // procéder à la création

[else] // création en local

Notice

Listes Documentaires

services Web

Figure 39 – Sherpa : diagramme de séquences 1, la création d'une notice

69

* Listes documentaires : Nature document, Auteur, Auteur collectivité, Mots-clés matières, Mots-clés domaines, Mots-clés géographiques, Mots-clés libres, Type document, Editeur

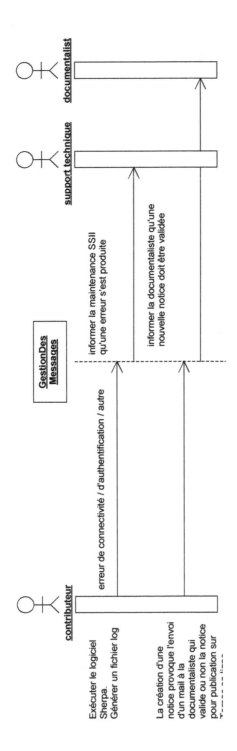

Figure 40 – *Sherpa : diagramme de séquences 2, gestion des messages*

Remarques sur le diagramme de séquence 2, gestion des messages :
- envoi automatique d'un mail à la documentaliste l'informant d'une création de notice, pour validation éventuelle de celle-ci et sa publication sur le site www.iddac.net,
- envoi automatique d'un mail au support technique pour la gestion des erreurs. La traçabilité des opérations est garantie par deux fichiers de log alimentés par les services Web : log des transactions et log des erreurs.

Fonctionnalités complémentaires :
- suppression d'une fiche,
- recherche de notices en mode *full text* sur le champ titre de la base locale,
- export des données (au format CSV).

La vue logique et statique

L'approche de la modélisation orientée objet conduit à produire un diagramme de classes général et de ses relations. Pour exemple, les relations de classes liées à l'objet Notice sont présentées ci-dessous.

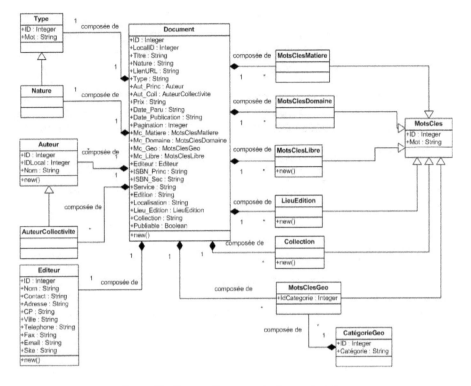

Figure 41 – *Sherpa : diagramme de classes et relations*

Remarque

- la relation agrégation :
  Les associations des classes "ressources documentaires" sont considérées comme des agrégations car constitutives de la classe Notice Les cardinalités 1, * informent sur le type de relation entre deux instances de classes : la classe Notice est composée au minimum de **1** et au maximum de *n* instances de la classe diffusion Domaine.

- la relation généralisation / héritage : les classes Mots-clés matières, Mots-clés domaines, Mots-clés libres, Lieu Edition, Collection et Mots-clés Géo dérivent de la classe Mots-clés (des attributs ID et Mots). La classe Nature dérive de Type, la classe Auteur Collectivité d'Auteur.

3.3.3 L'architecture de Sherpa : vue applicative et technique

Faisant suite à la définition des fonctionnalités précédemment décrites, les composants sont précisés : librairies, services Web, et services techniques à mettre en œuvre ainsi que l'infrastructure matérielle nécessaire : topologie réseaux, connexions, sécurité.

La vue applicative

Le développement d'un applicatif client serveur classique consommant des services Web et exploitant une base de données SQL est adopté. Le socle applicatif est le framework .Net de Microsoft.

Le périmètre logiciel
Le logiciel Sherpa est développé en Visual Basic .Net
Il exploite un *runtime* Access pour gérer la base de données locale au format .mdb, l'installation préalable du MDAC (*Microsoft Data Access Components*) est nécessaire.
Le poste client est nécessairement sous environnement Windows, versions testées : Windows 98, Windows 2000, Windows XP, Windows Vista.
Le serveur Web est Internet Information Service 6.0 avec et le framework .Net (version 1.1 suffisante), tandis que le serveur de données s'appuie sur SQL Serveur 2000.

Les composants client :
- **Sherpa.exe** : applicatif vb.Net,
- **Sherpa_sync.dll** : gestion de la synchronisation du poste client Sherpa avec le serveur Terpac,
- **sandbar.dll** : bibliothèque de composants d'affichage pour *Windows Form*.

Les composants serveur :
- **dtws.dll** : implémentations des classes métiers invoquées par les services Web,
- des **services Web** exposés sur sherpa.iddac.net proposent trois types de fonctionnalités : mise en œuvre de la connexion, mise à disposition des listes, mise à jour des notices,
- des **procédures stockées** telles que des requêtes SQL programmées pour simplifier et accélérer les échanges avec la base de données, *CheckIfDocumentExist, auto descriptive, auto descriptive, CheckOrInsertCollection, auto descriptive,*
- la **gestion des messages** pour la configuration des alertes courriers et des logs dans le fichier tiers

Toutes les autres classes nécessaires au logiciel Sherpa sont fournies par le framework .Net, par exemple les classes d'Ado.Net pour la gestion de la connexion avec la base de données, la sérialisation des objets, etc.

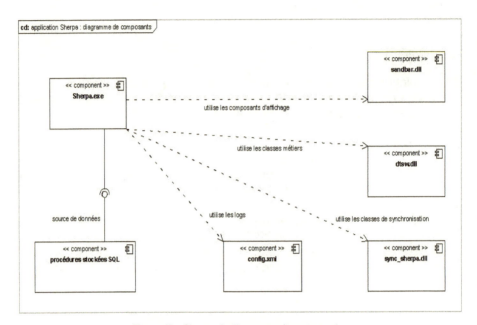

Figure 42 – Sherpa : le diagramme de composants

Fonctionnalités assurées par les services Web Sherpa :

- **Mise en œuvre de la connexion du client**
  Méthode *Test*
  valeur de retour : validation de l'état de connexion
  opération : test de connectivité
  Méthode *Login*
  paramètres : ID contributeur, mot de passe
  valeur de retour : validation
  opérations : identification d'un contributeur

- **Mise à jour des listes documentaires côté client :**
  Méthodes *GetAuteurs, GetAuteurCollectivite, extensibilité, extensibilité*
  paramètres : requête d'un objet liste
  valeur de retour : objet liste

74

opération : importer les listes de la plateforme Terpac, procéder à la mise à jour en local si nécessaire

- Mise à jour des listes documentaires côté serveur :
UpdateDoc, UpdateAuteur, UpdateAuteurColl, UpdateEditeur, UpdateCollection
paramètre : objet liste envoyé par le client Sherpa (notice, auteur, ..)
valeur de retour : objet liste
opérations : vérifier l'existence de l'objet mettre à jour les modifications si nécessaire, insérer un nouvel objet dans la base Terpac. Gestion du doublon.

<u>La vue technique</u>

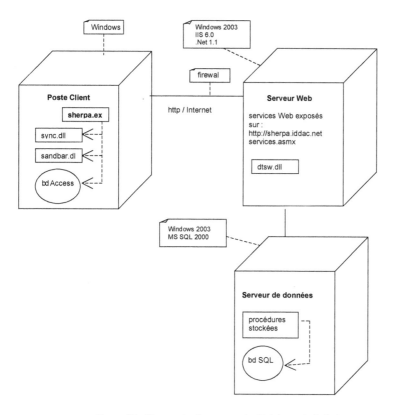

Figure 43 – *Sherpa : le diagramme de déploiement général*

L'architecture applicative :
- les données sont stockées sur le serveur SQL sous environnement Windows 2003. La couche d'accès à celles-ci est assurée en partie par des procédures stockées,
- la logique applicative, c'est-à-dire le logiciel Sherpa et les services Web, est répartie entre le poste client et le frontal Web situé dans la DMZ, http://sherpa.iddac.net,
- la présentation est à la charge du client consommateur des services.

La politique de sécurité
- la stratégie de sécurité s'appuie sur l'authentification Windows intégrée (*IWA*). Le compte sherpa@iddac.net, créé dans l'Active Directory, et le mot de passe sont transférés à chaque requête HTTP autorisant l'accès à la base SQL,
le logiciel Sherpa effectue la deuxième authentification avec l'ID du contributeur et son mot de passe associé stockés sur le serveur,
la gestion de la session sur le serveur utilise les cookies,
la DMZ est implantée sur une des interfaces Ethernet du boîtier multifonction Nous utilisons le NAT (*Network Translation* / translation d'adresse) avec redirection de port pour adresser le frontal Web dans la DMZ. La passerelle Arkoon laisse passer les flux HTTP entrant et sortant sur le port 80.

Exemples commentés :

Exemple 1 : description du mécanisme du service Web UpdateDoc

La requête de publication de notice est émise par le client Sherpa, elle fait appel à la méthode UpdateDoc.
La requête est transmise par un message SOAP adressé au serveur sherpa.iddac.net qui invoque le service Web concerné. Les classes métier instanciées de dtws.dll s'appuient sur ado.Net et sur les procédures stockées pour exploiter la base SQL et fournissent la réponse. Le transport retour s'opère via un message SOAP. La valeur doc.id fournit l'identifiant Terpac à la base locale Access.

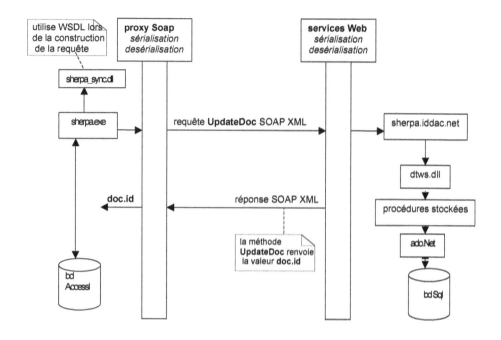

Figure 44 – service Web Sherpa : description de la méthode UpdateDoc

<u>Remarque</u>

- Le rôle du **Proxy Web,** la classe : *multiprocesseurs*

La classe *WebProxy* contient les paramètres du Proxy HTTP pour la classe *WebRequest* qui lance une demande à un URI.

En s'appuyant sur la description de services WSDL, la classe Proxy permet au logiciel Sherpa de communiquer avec les services Web, exposés sur sherpa.iddac.net, via un message SOAP qui encapsule les paramètres en entrée et en sortie au format XML. La classe Proxy gère le mappage (la sérialisation) des paramètres aux éléments XML, puis l'inverse lors du retour de la réponse (la dé-sérialisation).

Le Proxy Web est généré automatiquement par Visual Studio à travers wsdl.exe.

- Le **WSDL** indique le binding et l'adresse de destination du message SOAP :

```
<wsdl:port name="ServicesSoap"
binding="tns:ServicesSoap">
<soap:address location="http://sherpa.iddac.net/services.asmx"/>
```

- Appel de la méthode **UpdateDoc** (Sherpa_sync.dll) :

```
Dim RealDoc As SHERPA_Sync.WebReference.Document
LogWriteLine("          Send doc    : localId: " &
d.DocumentID)
LogWriteLine("          Send doc    : localPlateformeId: " &
d.PlateformeID)
RealDoc = _service.UpdateDoc(d)
LogWriteLine("          Receive doc : PlateformeId: " &
RealDoc.PlateformeID)
```

- La **requête SOAP**, extrait :

```
POST /services.asmx HTTP/1.1
Host: sherpa.iddac.net
Content-Type: text/xml; charset=utf-8
Content-Length: length

SOAPAction: "http://SSII-informatique.com/SHERPAWebService/
UpdateDoc"
<?xml version="1.0" encoding="utf-8"?>
<soap:Envelope xmlns:xsi="http://www.w3.org/2001/XMLSchema-
 instance"
xmlns:xsd="http://www.w3.org/2001/XMLSchema"
xmlns:soap="http://schemas.xmlsoap.org/soap/envelope/">
  <soap:Body>
    <UpdateDoc xmlns="http://SSII-informatique.com/SHERPA
     WebService">
     <currentDoc>
        <DocumentID>1515</DocumentID>
        <PlateformeID>4</PlateformeID>
        <Nature>2</Nature>
        <Titre>Musiques Amplifiées en Aquitaine</Titre>
```

Exemple 2 : la méthode UpdateDoc et la gestion des doublons

Une notice peut déjà avoir été créée par un autre contributeur. Si c'est le cas elle est renvoyée au nouveau contributeur pour enrichir son fonds local. Le doublon de notice n'est donc pas possible. Si l'ID contributeur est identique à l'ID contributeur/créateur, la demande de création est alors considérée comme une mise à jour de ladite notice.

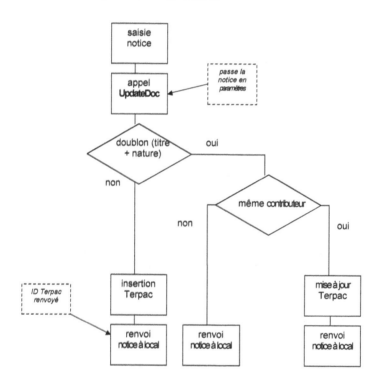

Figure 45 – *méthode UpdateDoc : la mise à jour d'une notice*

Bilan du pilotage des développements applicatifs

Le pilotage de ce projet d'ingénierie du logiciel, depuis les premiers entretiens d'analyse des besoins jusqu'au déploiement final du logiciel Sherpa chez les partenaires du réseau documentaire, a permis de confirmer le caractère d'agilité de la démarche méthodologique suivie.

Un suivi rigoureux des processus de conduite de projets, réunions et bilans d'étapes, production de documents de suivi et de contrôle, actions de communication inter-partenaires, a contribué à améliorer le niveau général de qualité de production et s'est révélé, malgré un investissement conséquent en temps passé, fort rentable en définitif.

En confiant en interne l'assistance à maîtrise d'ouvrage du projet, la Direction a également facilité les relations avec les différents prestataires de services.

Associé, dès le début du projet, aux phases d'analyse et de production des cahiers des charges, le responsable informatique a pu pendant 4 ans encadrer les travaux de développement et de garantir, à chaque commande, l'intégrité du système d'information et son adéquation avec les objectifs stratégiques initiaux.

Enfin, dans une perspective d'évolution et de prospective, il a été décidé, en s'appuyant sur la modélisation des processus métiers, d'identifier et de développer des composants logiciels réutilisables dans de futurs développements. Une couche de services métier a ainsi été implémentée dans .Net pour les opérations de gestion des classes *contacts*, *organismes* et *dossiers d'aides* de l'application Culture et Territoires.

La finalité de cette approche organisationnelle de type SOA (*Service Oriented Architecture*[23]) a visé à garantir la capacité du système d'information à pouvoir réagir, s'adapter et répondre aux nécessaires contraintes d'interopérabilité, dans des contextes technologiques et métiers extrêmement changeants.

---

[23] L'approche SOA, orientée service (ou processus), privilégie l'intégration logicielle mais différencie fondamentalement la notion d'objet de celle de service. [Monfort04]. Le système est structuré afin que ses ressources, données, traitements, processus et services d'architecture, soient accessibles uniquement par routage de messages entre réseaux. Il ne s'appuie pas sur des implémentations préalablement connues mais est conçu sur un principe d'abstraction. De ce fait le couplage est faible et l'interopérabilité meilleure.

CONCLUSION

Malgré les contraintes de chevauchements des phases de développement et la durée conséquente du projet, la mise en exploitation opérationnelle du système d'information a confirmé la faisabilité de la solution technologique préconisée.

Ainsi, le choix d'une **architecture de type 3-tiers** a grandement facilité les évolutions de la logique applicative, en n'affectant ni la couche de données, ni la couche de présentation. De même, le choix d'un éditeur mature sur le secteur des frameworks de développement et des systèmes de gestion de base de données a contribué à une meilleure maîtrise des risques liés aux technologies émergeantes.

La mise en œuvre, réalisée en interne, de **l'infrastructure technique et applicative** a également porté ses fruits en termes de performance et de capacité d'extensibilité du système ainsi qu'en économie de coûts de prestations.

Sur le plan de **la conduite de projet**, rigueur managériale, maîtrise fonctionnelle et technique ont permis de mesurer un retour sur investissement satisfaisant concernant les réponses apportées aux besoins toujours évolutifs des commanditaires, tel par exemple le renforcement de la plateforme Terpac par la création du logiciel collaboratif Sherpa.
Grâce à une évaluation raisonnée des risques et à une planification souple et réaliste, il a été possible de faire face aux différents réajustements en cours de mission, tout en maîtrisant les coûts et en respectant les délais de livraison initiaux.

Au-delà de la sphère technique, il est à remarquer qu'un encadrement attentif des diverses **ressources humaines** impliquées dans le projet fut également un atout pour la réalisation de celui-ci : personnels administratifs et différentes directions, professionnels de la documentation, professionnels et amateurs de l'action culturelle girondine, enseignants, élus.

Néanmoins, il est regrettable de n'avoir pu établir un cadre formel et pérenne de **mutualisation** des moyens et des ressources à l'occasion de la réalisation de cette plateforme partagée de contenus et de services. En effet, il encore malaisé, malgré le contexte de fortes préconisations de l'Etat, d'obtenir un consensus en matière de pilotage et de mise en œuvre de projets TIC.

Malgré cette réserve, l'IDDAC a dorénavant acquis la légitimité nécessaire pour poursuivre sa **démarche fédératrice de mise en partage des ressources du secteur culturel** et affirmer sa position d'acteur dans les projets de plateformes numériques interinstitutionnelles.

La structuration du système d'information de soutien à l'action culturel départemental s'inscrit en force dans la définition stratégique du projet artistique et culturel de l'IDDAC, orienté vers une politique de co-portage et de fédération de projets ainsi qu'un principe d'innovation et d'expérimentation.

REFERENCES BIBLIOGRAPHIQUES ET WEBOGRAPHIQUES

OUVRAGES

[Chauvet02] CHAUVET J.-M., *Services Web avec SOAP, WSDL, UDDI, ebXML...* Eyrolles, 2002.

[DGME06] Ministère délégué au budget et à la réforme de l'Etat / Direction Générale de la Modernisation de l'Etat, *Référentiel Général d'Interopérabilité*, V0.90, 2006.

[Microsoft06] MICROSOFT Official Course 271C, *Introduction To Microsoft .Net Development*, Microsoft, 2006.

[Miles06] MILES R., HAMILTON K., *Introduction à UML 2*, O'Reilly, 2006.

[Morley05] MORLEY C., HUGUES J., LEBLANC B., HUGUES O., *Processus Métiers et S.I.*, Dunod, 2005.

[Wade05] WADE D., *Gestion de projets informatiques – Cours 340*, Learning Tree International, 2005

SOURCES WEB

Services Web :
XML, site généraliste, www.xml.com
SOAP, spécifications W3C, www.w3.org/TR/soap/
WSDL, spécifications W3C, www.w3.org/TR/wsdl
UDDI, consortium OASIS, www.uddi.xml.org
.Net :
Microsoft, www.microsoft.com/net

Référentiels de gestion de projet :
PMI France, http://pmi-fr.org/
CMMI du SEI (Software Engineering Institute), www.sei.cmu.edu/cmmi/
Portail de la gestion de projet, www.gestiondeprojet.com

Politiques de l'Etat et des collectivités territoriales :
DGME, www.modernisation.gouv.fr/
RELIER, IRA, PPET, SAPIENS, www.cg33.fr
BnsA, www.culture.gouv.fr/mrt/numerisation/fr/documents/bnsa4.pdf

Partenaires du projet Terpac-Sherpa :
- *Etat*
   DRAC Aquitaine, http://aquitaine.culture.gouv.fr/
- *Structures associatives*
   IDDAC, www.iddac.net, http://culture-et-territoires.iddac.net
   CRESS, www.cressaquitaine.org
   RAMA, www.le-rama.org/
   PQA : www.aquitaine-pqa.fr
- *Enseignement*
   SPIRIT, http://www.durkheim.sciencespobordeaux.fr/
   IUT Michel de Montaigne, www.iut.u-bordeaux3.fr

ANNEXES

ANNEXE 1 : la procédure stockée *IddacAidesPretsParTerritoire*

```
CREATE PROCEDURE [dbo].[IddacAidesPretsParTerritoire]
@annee as int,  ◄
@NomTrie as varchar(30)    paramètres en entrée
                           année et critère de tri   AS
BEGIN
    SET NOCOUNT ON;
exec ('SELECT '+@NomTrie+' as Territoire, SUM(DossierAideDetailPeriode.IddacNbPretPeriode) AS IddacNbPretPeriode,
    SUM(DossierAideDetailPeriode.IddacValorisationPeriode) AS IddacValorisationPeriode,
    SUM(DossierAideDetailPeriodeNm1.IddacNbPretPeriode) AS IddacNbPretPeriodeNm1,
    SUM(DossierAideDetailPeriodeNm1.IddacValorisationPeriode) AS IddacValorisationPeriodeNm1
    FROM DossierAideDetailPeriode INNER JOIN Organismes ON DossierAideDetailPeriode.CDOrga = Organismes.CDOrga
    INNER JOIN Villes ON Organismes.CDVille1 = Villes.CDVille LEFT OUTER JOIN ZoneInfluence
    ON Villes.CDZoneInfluence = ZoneInfluence.CDZoneInfluence LEFT OUTER JOIN CDC O
    N Villes.CDCDC = CDC.CDCDC LEFT OUTER JOIN PaysIddac ON Villes.CDPaysIddac = PaysIddac.CDPaysIddac
    LEFT OUTER JOIN Pays ON Villes.CDPays = Pays.CDPays LEFT OUTER JOIN DossierAideDetailPeriode
    AS DossierAideDetailPeriodeNm1 ON DossierAideDetailPeriode.CDOrga = DossierAideDetailPeriodeNm1.CDOrga
    AND DossierAideDetailPeriode.AideAnnee = DossierAideDetailPeriodeNm1.RefAnneeNm1
    AND DossierAideDetailPeriode.CDSiteIddac = DossierAideDetailPeriodeNm1.CDSiteIddac
    AND DossierAideDetailPeriode.CDPeriode = DossierAideDetailPeriodeNm1.CDPeriode
    WHERE (DossierAideDetailPeriode.AideAnnee = '+@annee+') OR (DossierAideDetailPeriode.AideAnnee IS NULL)
     GROUP BY '+@NomTrie)
END
GO
```

ANNEXE 2 : .Net, la *Base Class Library*

System.Web		System.Winforms	
Services	UI	Design	ComponentModel
Description	Html Controls		
Discovery	WebControls		
Protocals		System.Drawing	
Caching	Security	Drawing2D	Printing
Configuration	Session State	Imaging	Text
System.Data		System.Xml	
ADO	SQL	XSLT	Serialization
Design	SQL Types	XPath	
System			
Collections	IOI	Security	Runtime
Configuration	Net	ServiceProcess	InteropServices
Diagnostics	Reflection	Text	inter sites
Globalizations	Resources	Threading	Serialization

84

ANNEXE 3 : WBS, organigrammes des tâches

Annuaire Contacts et Organismes

ID	Libellé de la tâche	Durée	Début	Fin	Pré requis	Ressources
LV1.1	**Annuaire Contacts et Organismes**	**40 jours**	**janv 02**	**mars 02**		
LV1.2	*Spécifications*	**4 jours**	**janv 02**	**janv 02**		Chef de projet + prestataire
LV1.3	Analyse des besoins	2 jours	janv 02	janv 02		
LV1.4	Analyse fonctionnelle	2 jours	janv 02	janv 02	LV1.3	
LV1.5	*Cahier des charges validé*	*0 jour*			*LV1.2*	
LV1.6	*Conception et réalisation*	**33 jours**	**fév 02**	**mars 02**		Prestataire
LV1.7	Architecture	2 jours	fév 02	fév 02	LV1.4	
LV1.8	Composants	13 jours	fév 02	fév 02	LV1.7	
LV1.9	Interfaces graphiques	18 jours	fév 02	fév 02	LV1.7	
LV1.10	*Réalisation terminée*	*0 jour*			*LV1.6*	
LV1.11	*Tests*	**3 jours**	**mars 02**	**mars 02**		Chef de projet + prestataire
LV1.12	Intégration	1 jour	mars 02	mars 02	LV1.10	
LV1.13	Recette	2 jours	mars 02	mars 02	LV1.12	
LV1.14	*Livraison terminée*	*0 jour*			*LV1.11*	

Terpac

ID	Libellé de la tâche	Durée	Début	Fin	Pré requis	Ressources
LV2.1	**Terpac**	**75 jours**	**sept 02**	**déc 02**		
LV2.2	*Spécifications*	**9 jours**	**sept 02**	**sept 02**		Chef de projet + prestataire
LV2.3	Analyse des besoins	5 jours	sept 02	sept 02		
LV2.4	Analyse fonctionnelle	4 jours	sept 02	sept 02	LV2.3	
LV2.5	*Cahier des charges validé*	*0 jour*			*LV2.2*	
LV2.6	*Conception et réalisation*	**62 jours**	**oct 02**	**oct 02**		Prestataire
LV2.7	Architecture	2 jours	oct 02	oct 02	LV2.4	
LV2.8	Composants	40 jours	oct 02	nov 02	LV2.7	
LV2.9	Interfaces graphiques	20 jours	nov 02	déc 02	LV2.7	
LV2.10	*Réalisation terminée*	*0 jour*			*LV2.6*	
LV2.11	*Tests*	**4 jours**	**janv 03**	**janv 03**		Chef de projet + prestataire
LV2.12	Intégration	1 jour	janv 03	janv 03	LV2.10	
LV2.13	Recette	3 jours	janv 03	janv 03	LV2.12	
LV2.14	*Livraison terminée*	*0 jour*			*LV2.11*	

Recg

ID	Libellé de la tâche	Durée	Début	Fin	Pré requis	Ressources
LV3.1	**Recg**	**10 jours**	**mai 05**	**mai 05**		
LV3.2	*Spécifications*	**1 jour**	**mai 05**	**mai 05**		Chef de projet + prestataire
LV3.3	Analyse des besoins	0 jour	mai 05	sept 05		
LV3.4	Analyse fonctionnelle	1 jour	mai 05	mai 05	LV3.3	
LV3.5	*Cahier des charges validé*	*0 jour*			*LV3.2*	
LV3.6	**Conception et réalisation**	**7 jours**	**mai 05**	**mai 06**		Prestataire
LV3.7	Architecture	0 jour				
LV3.8	Composants	4 jours	mai 05	mai 05	LV3.7	
LV3.9	Interface graphique	3 jours	mai 05	mai 05	LV3.7	
LV3.10	*Reprise des données*					
LV3.11	*Réalisation terminée*	*0 jour*			*LV3.6*	
LV3.12	**Tests**	**2 jours**	**mai 05**	**mai 05**		Chef de projet + prestataire
LV3.13	Intégration	1 jour	mai 05	mai 05	LV3.11	
LV3.14	Recette	1 jour	mai 06	mai 05	LV3.13	
LV3.15	*Livraison terminée*	*0 jour*			*LV3.12*	

Plateforme Culture et Territoires

ID	Libellé de la tâche	Durée	Début	Fin	Pré requis	Ressources
LV4.1	**Plateforme Culture et Territoires**	**40 jours**	**sept 06**	**nov 06**		
LV4.2	*Spécifications*	**4 jours**	**sept 06**	**sept 06**		Chef de projet + prestataire
LV4.3	Analyse des besoins	2 jours	sept 06	sept 06		
LV4.4	Analyse fonctionnelle	2 jours	sept 06	sept 06	LV4.3	
LV4.5	*Cahier des charges validé*	*0 jour*			*LV4.2*	
LV4.6	**Conception et réalisation**	**34 jours**	**oct 06**	**nov 06**		Prestataire
LV4.7	Architecture	0 jour	oct 06	oct 06	LV4.4	
LV4.8	Composants	18 jours	oct 06	nov 06	LV4.7	
LV4.9	Interfaces graphiques	16 jours	nov 06	nov 06	LV4.7	
LV4.10	*Réalisation terminée*	*0 jour*			*LV4.6*	
LV4.11	**Tests**	**2 jours**	**nov 06**	**nov 06**		Chef de projet + prestataire
LV4.12	Intégration	1 jour	nov 06	nov 06	LV4.10	
LV4.13	Recette	1 jour	nov 06	nov 06	LV4.12	
LV4.14	*Livraison terminée*	*0 jour*			*LV4.11*	

ANNEXE 4 : les Modèles Conceptuels de Données du système d'information

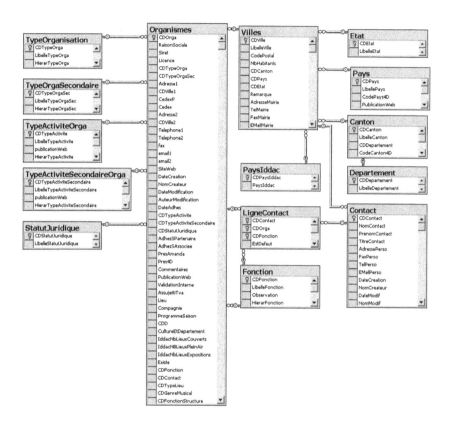

MCD : Annuaire Contacts et Organismes

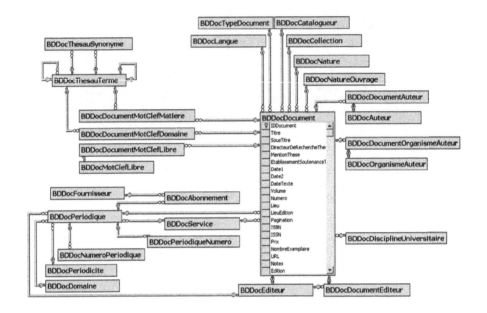

MCD : Terpac

88

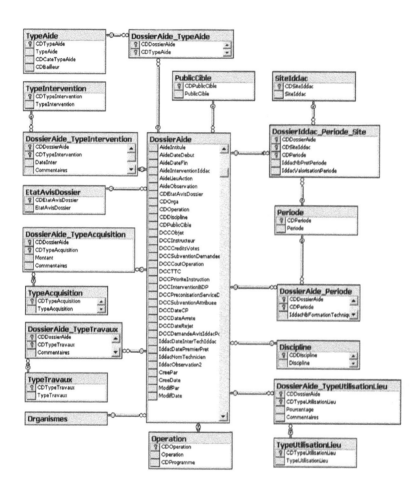

MCD : Plateforme Culture et Territoires

ANNEXE 5 : Plateforme Culture et Territoires

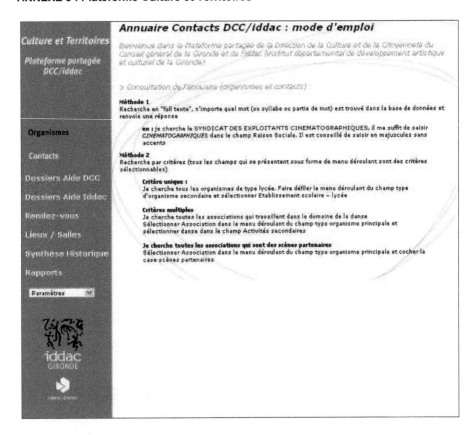

Plateforme Culture et Territoires : interface d'accueil

www.ingramcontent.com/pod-product-compliance
Lightning Source LLC
LaVergne TN
LVHW042341060326
832902LV00006B/317